AF353049

Editorial
NUN

Segmentos hermenéuticos de la filosofía actual

Ficha bibliográfica

Beuchot Puente, Mauricio Hardye

Segmentos hermenéuticos de la filosofía actual
1a. edición, 2024

ISBN: 978-607-69551-7-8

Editorial Notas Universitarias, S. A. de C. V.
Colección Sapientia

Impreso en la Ciudad de México, en enero de 2024
Formato: 15 × 21 cm

156 pp.

Editorial NUN

Es una marca de la Editorial Notas Universitarias, S. A. de C. V.

Xocotla 17, Tlalpan Centro, alcaldía Tlalpan,
C. P. 14000, Ciudad de México

www.editorialnun.com.mx

Versión impresa ISBN: 978-607-69551-7-8
Versión digital ISBN: 978-607-69551-8-5

Los textos aquí presentados fueron arbitrados (doble-ciego) y dictaminados por especialistas nacionales.
Posteriormente fueron revisados, corregidos y modificados por los autores antes de llegar a su versión final.

Dirección editorial y diseño de portada: Miryam D. Meza Robles
Cuidado de la edición: Felipe G. Sierra Beamonte
Corrección de estilo: Patricia Martínez Galindo
Lectura de pruebas: Esteban Manteca Aguirre
Diagramación: Daniel P. Estrella Alvarado

Impreso en México

Segmentos hermenéuticos de la filosofía actual

Mauricio Beuchot

Índice

Introducción

En este trabajo comenzaré tratando acerca de la filosofía en sí misma, para ver cómo podemos sacarla del estira y afloja de las posturas unívocas y equívocas, con el fin de procurarle un estatuto analógico, y así pueda salir de ese empantanamiento y prosperar. Lo haré a través de la hermenéutica y el concepto de la analogía.

En seguida, relacionaré la hermenéutica con las humanidades. En ellas esta herramienta conceptual puede tener muy buen rendimiento, sobre todo una hermenéutica que sea analógica, es decir, que vaya más allá del univocismo y del equivocismo, en cuya pugna se debate y se desgasta la filosofía de nuestro tiempo.

Pasaré luego a la filosofía pragmatista, ya que en la filosofía analítica se está operando un giro pragmático al que es conveniente atender. Tiene mucho que ofrecernos para revitalizar el pensamiento actual, en el que ha sido muy reciente la presencia de la hermenéutica.

Lo anterior se ve en el conflicto de las epistemologías, pues ellas luchan sin cesar, y aquí presentaré el equilibrio que creo que pueden brindarse la pragmatista y la realista, en un esfuerzo por presentar un trozo de pensamiento analítico, pero que no renuncia a lo existencial.

Iré luego a la antropología filosófica, en esta ocasión la que presenta el pensador español Jacinto Choza, como la historia de las representaciones que el hombre ha hecho de sí mismo. A través de ellas el ser humano ha querido encontrar su propia esencia.

Uno de los campos en los que tiene aplicación la razón analogizante, además de la antropología filosófica, es en la conexión de la ética con la política y el derecho. Después de estar mucho tiempo relacionadas, la modernidad las separó; pero ahora se busca insistentemente la manera de volverlas a unir. Sin la ética, la política tendrá legalidad, pero no legitimidad, que es algo muy diferente.

Expondré entonces algunas reflexiones sobre la pedagogía, que ahora se presenta como educación en virtudes; ella podrá ser un buen complemento de la que se da a través de teorías y en valores. Como se basa en el ejemplo, seguido críticamente, se trata de un ejercicio de interpretación y de asimilación (o semejanza), por lo tanto, de hermenéutica analógica.

Juntaré antropología y personalismo en una reflexión sobre algo muy propio del hombre, a saber: la vejez. Para ello me basaré en el diálogo *De senectute* de Cicerón. A pesar de su antigüedad, aún tiene mucho que enseñarnos para avanzar en la edad de manera sabia.

Añadiré, asimismo, unos cuantos aspectos de la filosofía de nuestro tiempo, sobre el hombre y la vida, sobre el conocimiento y la vida, sobre Dios, de la mano de Xavier Zubiri, sobre tomismo analítico y acerca de la belleza en el arte, categoría que corre el riesgo de que la estética la pierda.

El libro terminará con unas conclusiones, que pretenden ser esclarecedoras, y una bibliografía, que quiere ser útil.

Capítulo 1

Acerca de la filosofía en sí misma

Introducción

Se dice que la filosofía está en crisis. Por eso hay que ponerla en tela de juicio. En lo que sigue trataré de reflexionar acerca de la filosofía en sí misma. Esto es necesario, pues ella se redefine continuamente. Es el carácter reflexivo propio de la disciplina que nos ocupa. Es lo que se ha llamado filosofía de la filosofía o metafilosofía. En ese nivel de análisis se procura establecer la naturaleza de la filosofía misma, lo cual conlleva implicaciones en cuanto a su finalidad y su método.

Estudiaré algunos de los planteamientos que se van hacia dos extremos que han polarizado la idea de la filosofía reciente, a saber, los que la quieren hacer una ciencia exacta y los que la prefieren como libre creación. Pero buscaré una vía intermedia, que procurará el equilibrio entre ambas perspectivas. Es algo fino y complicado, pero vale la pena hacer el esfuerzo de conseguirlo. Redundará en beneficio de la cultura en sus varios niveles, pues siempre hay una base filosófica en todo lo que el ser humano emprende.

1.1. Las dos ideas de la filosofía

En la filosofía ha habido dos corrientes en cuanto a su formalidad o método. Unos quieren que sea ciencia; otros, que sea poesía. Así nos encontramos con lo que Roman Jakobson llamaba los dos pilares del discurso humano: la metonimia y la metáfora.[1] Le parecía que la primera servía para hacer ciencia, y la segunda, poesía. Lo cual es exagerado, pero pase. Pues bien, metonimia y metáfora son las dos caras de la analogía, y ésta tiene que balancearse hacia una o la otra según se necesite, según que lo que se estudie se acerque más a la ciencia o a la poesía.

La idea de Jakobson de que la metonimia es con lo que hacemos ciencia y la metáfora con lo que hacemos poesía resulta excesiva, pues encontramos científicos que usan la metáfora, y poetas que usan la metonimia. Un discípulo de Wittgenstein, Max Black, tiene un libro intitulado *Modelos y metáforas*, en el que muestra que los mejores modelos científicos han sido metáforas afortunadas;[2] y, en el ámbito de la poesía, Antonio Machado sostenía que prefería hacer sus versos sin tantas metáforas, más bien a base de metonimias, o como el hombre de la calle.[3]

El epistemólogo Filippo Selvaggi dice que la ciencia se hace tanto con metonimia como con metáfora, es decir, con las dos pinzas de la analogía.[4] Y Ortega dice que en la poesía hay que usar tanto metáforas como metonimias, para darle mayor riqueza a las composiciones.[5]

Pero no hay que irse demasiado a uno de esos polos de la analogía. Lacan decía que el síntoma era metáfora y el deseo metonimia;[6] pero la cadena metonímica enloquece, y hay que frenarla con una escansión metafórica.

---

[1]   R. Jakobson, "Lingüística y poética", en *Ensayos de lingüística general*, México, Artemisa, 1986, p. 389.

[2]   M. Black, *Modelos y metáforas*, Madrid, Tecnos, 1964, p. 218.

[3]   A. Machado, "Sobre las imágenes en la lírica", en *Los complementarios*, México, Red Editorial Iberoamericana, 1988, pp. 82-86.

[4]   Sobre la analogía de proporcionalidad impropia como metáfora y la de atribución como metonimia, véase cómo las aplica a la física F. Selvaggi, *Filosofía de las ciencias*, Madrid, Sociedad de Educación Atenas, 1955, pp. 282-283.

[5]   J. Ortega y Gasset, *La deshumanización del arte*, México, Artemisa, 1985, pp. 36-42.

[6]   J. Lacan, *Écrits*, París, Seuil, 1966, p. 528.

Salir de lo cotidiano con lo poético. Pero me parece que también vale la inversa: que una cadena puramente metafórica también enloquece, y que hay que detenerla con una intervención metonímica. Es lo que ha faltado en la posmodernidad.

Ya Nietzsche decía que la metonimia era la mentira en sentido extramoral, y la metáfora la verdad. Pero eso lo hizo de joven, cuando era demasiado dionisiaco; sin embargo, poco a poco fue teniendo que aceptar la necesidad de la metonimia, por la pragmática de la vida, el lado apolíneo. Antes que él, Vico y Herder habían sostenido que el origen de las lenguas era metafórico, y Nietzsche le dio ese nuevo sesgo.

Antes de Nietzsche la polémica se remonta a los hijos de la Ilustración, que fueron el Romanticismo y el Positivismo. El primero como reacción, y el segundo como eclosión; pues los románticos se opusieron al racionalismo y al cientificismo de los ilustrados, acudiendo a la intuición y a lo irracional (el sueño, el amor, la voluntad...). Y los positivistas extremaron el ideal científico de los ilustrados, aceptando sólo lo que fuera constatable o verificable. Así, Schleiermacher privilegiaba las interpretaciones, y Comte los hechos. Esto convergió en Nietzsche, en su famoso *dictum*: "No hay hechos, sólo interpretaciones", que no debe ser entendido como expresión de romanticismo, sino de oposición al positivismo.

Además, el propio Nietzsche trató de combinar ambas corrientes, ya en su misma juventud: en *El origen de la tragedia* (1872) sigue a románticos como Schlegel, pero en el prólogo a la segunda edición de esa obra se burla de ellos; y en *Humano, demasiado humano* (1878) cambia de perspectiva, hacia el cientificismo (el positivismo biológico al estilo de Darwin y Spencer).[7] Con todo, pronto lo rechaza, con burlas hacia Stuart Mill. De este modo, "supera" tanto el romanticismo como el positivismo. Por eso su frase no debería leerse como una concesión a los románticos (que hay puras interpretaciones), sino como crítica a los positivistas (que hay puros hechos), y entenderse como diciendo que sólo hay hechos interpretados, es decir, las dos cosas: hechos e interpretaciones.

---

[7]   E. Fink, *La filosofía de Nietzsche*, Madrid, Alianza, 1996, pp. 57 y 59.

También Freud se debatió entre el romanticismo y el positivismo. Tuvo profesores positivistas, como el neurólogo Brücke, y, sobre todo, un amigo, Fliess, a quien quiso agradar, siguiendo su "cientificismo" (harto discutible); pero el propio Freud, en una carta a éste, le dice que "había encontrado su bruja" (el inconsciente, al que se llegaba por el fantaseo) para entender las psicopatologías.[8] Era producto de su lectura de Goethe y Schiller, románticos. Por eso pudo superar tanto al romanticismo como al positivismo, y seguramente lo hizo con la ayuda de su maestro Brentano, opuesto al positivismo y gran aristotelista (escribió una tesis de doctorado sobre el múltiple significado del ser en Aristóteles, a saber, precisamente sobre el tema de la analogía).

Zubiri tiene unas lecciones de filosofía en las que muestra cómo los grandes filósofos tuvieron el ideal de una filosofía científica. Aristóteles quiso que fuera la ciencia apodíctica del ser, esto es, necesaria y universal; Kant, una ciencia de los principios de la razón; Comte la vio como ciencia positiva, sabiduría universal; Bergson, como ciencia de los hechos inmediatos de la conciencia, en la intuición de la *durée*, lo cual nos lleva a la metafísica como saber de lo real; Husserl, como ciencia estricta o rigurosa de las esencias fenoménicas; Dilthey, como ciencia de la vida, como una de las ciencias del espíritu, opuesta a las ciencias de la naturaleza; Heidegger, como una ciencia del ser puro, ontología fundamental. Zubiri concluye que, aun cuando no estén de acuerdo, los filósofos de alguna manera se entienden: en el fondo, pues más allá del conflicto está su esfuerzo por filosofar.[9] Pero, en definitiva, los filósofos clásicos se han esforzado por hacer de la filosofía una ciencia.

Sin embargo, la historia nos muestra que lo mejor es combinar, unir el romanticismo con el positivismo, el equivocismo y el univocismo, la metáfora y la metonimia, en una postura analógica, que es como una especie de síntesis dialéctica entre ambos extremos. Tal vez se pueda explicar con los dos tipos de espíritu de los que hablaba Pascal: el espíritu de geometría y el espíritu de fineza; el primero es el de la exactitud de la ciencia, de las

---

8 J. E. Quintero Polo, "La bruja freudiana", *Psicogente*, vol. 10, núm. 18, noviembre, 2007, pp. 174 y ss.

9 X. Zubiri, *Cinco lecciones de filosofía*, Madrid, Alianza, 1988, pp. 275-276.

razones de la razón, y el segundo es el de la intuición del arte, de las razones del corazón; y pensaba que lo ideal era conjuntar ambos espíritus. Me parece que esta conjunción es lo correcto.

1.2. Una filosofía de la libertad creativa

Alguien que abogó por la filosofía como no científica, sino artística o poética, fue Nicolás Berdiaev (o Berdiaeff). Ruso de origen (nació en 1874), pero emigrado a Francia por la revolución bolchevique (en ese país murió, en 1948). En 1916 escribió *El sentido del acto creador* o *El sentido de la creación*, que ha sido traducido al español así: *La filosofía como acto creador*.[10] Filósofo de corte personalista y existencialista, defiende mucho la libertad.[11] Así, mientras la ciencia obedece a la necesidad, la filosofía surge de la libertad creadora.

Berdiaev no está contra la ciencia, sino que se esfuerza por distinguirla de la filosofía.[12] La ciencia ha respondido a las necesidades humanas, y es imprescindible. Se atiene a los hechos, los registra y los aprovecha para el dominio del entorno. En cambio, la filosofía es producto de la libertad creadora, crea ideas (no imágenes, como el arte), y por eso es considerada como inútil.

Es absurdo querer que la filosofía use los métodos de las ciencias, tiene su propia modalidad, más del lado de la intuición que del raciocinio. Tiene sus propios cauces, ya que es creativa, mientras que la ciencia es reproductiva y adaptativa.

Berdiaev se queja de que la filosofía ha envidiado a la ciencia, y en su tiempo se daba el cientificismo, tanto por los positivistas, como Mach, cuanto por los criticistas, como Cohen.[13] Era el neokantismo de principios del siglo xx.

---

[10] N. Berdiaev, *La filosofía como acto creador*, Buenos Aires, Carlos Lohlé, 1977.

[11] J. Chaix-Ruy, *Berdiaeff*, Buenos Aires, Columba, 1965, pp. 85 y ss.

[12] N. Berdiaev, *op. cit.*, p. 10.

[13] *Ibid.*, p. 12.

Pero también se ha dado por los neopositivistas de la mitad del siglo pasado, de esa facción de la filosofía analítica que perdura hasta hoy, aun sea de manera velada. Han querido que la filosofía copie a la ciencia, y han pugnado porque use los métodos de ésta, los cuales no se ajustan a ella.

La conciencia creadora ha luchado contra el conocimiento determinista; la filosofía va por la primera, la ciencia por el segundo.

> El acto creador del espíritu humano consagra su liberación en la filosofía. Y este acto creador es el que hace de la filosofía un arte, arte particular, diferente en su principio de la poesía o de la música, pero que supone también un don venido de lo alto −el arte del conocimiento.[14]

Vemos, pues, que algunos quieren hacer de la filosofía una ciencia y otros, un arte.

Si jugáramos con los dos polos del signo según Frege: sentido y referencia, diríamos que la ciencia se encarga de nuestra referencia con el mundo, mientras que la filosofía se ocupa del sentido que el mundo puede tener.

> La ciencia deja al hombre en el no-sentido, en el absurdo del mundo; le proporciona sólo los utensilios necesarios para protegerlo contra ese absurdo. La filosofía, por el contrario, se esfuerza en superar el absurdo y en alcanzar el sentido del mundo. El postulado de toda filosofía auténtica consiste en suponer que hay *un sentido*, y su objetivo es encontrar el medio para llegar a él; es la posibilidad de una impulsión que lleve al pensamiento a través del no-pensamiento.[15]

La ciencia, pues, va hacia la referencia del mundo, la filosofía, hacia el sentido de éste.

La filosofía, pues, es arte del conocimiento, y como tal pelea por la libertad creadora del filósofo. Es un arte libre, y crea ideas para superar el

---

[14] *Ibid.*, p. 15.

[15] *Ibid.*, p. 16.

no-sentido con el pensamiento. En Platón se ve este espíritu creador; en el materialismo se ve la esclavitud que niega esa libertad. A Berdiaev le parece que una filosofía subjetiva puede funcionar mejor que una objetiva, cientificista. "La verdad puede descubrirse a través del arte de Dante o del de Dostoievski, a través de la mística gnóstica de Jacob Boehme, de una manera más segura que mediante Cohen o Husserl".[16] La verdad se encuentra en la sabiduría, no en la generalización científica.

Nuestro autor sostiene que "la única generalización auténtica es a fuerza de libertad".[17] Es decir, la filosofía como arte es más universal que la filosofía como ciencia. Porque nos da una verdad global, no una particular como la de las ciencias. Es una especie de transgresión, se salta las leyes, por eso es más abarcadora.

Berdiaev defiende una filosofía intuitiva, frente a una raciocinativa:

> Puede existir una lógica de la ciencia, pero una lógica de la filosofía no la hay y no debe haberla. La filosofía puede ocuparse de las categorías del conocimiento científico, pero las categorías del conocimiento científico no pueden ocuparse de la filosofía. En filosofía, el instinto tiene la última palabra —la lógica no tiene más que la penúltima—. La filosofía encuentra su sanción y su justificación propias en la intuición, esta intuición que ha precedido en ella a la enseñanza de las categorías y que no designa ni utiliza la lógica sino en calidad de instrumento que le está sometido.[18]

Las últimas palabras de esa cita moderan la actitud de nuestro pensador, pues admiten un uso de la lógica, aunque se ve a ésta supeditada a la filosofía, seguramente a la metafísica, lo cual es correcto (a través de la filosofía de la lógica). También el último párrafo de su ensayo corrobora esa actitud:

---

[16] *Ibid.*, p. 18.

[17] *Ibid.*, p. 19.

[18] *Ibid.*, p. 21.

> Por lo demás, al decir yo que la filosofía es un arte, no entiendo que sea "una poesía del conocimiento", como lo ha dicho Lange, ni que haya en ella algo de arbitrario o de facultativo. El arte de la filosofía es más riguroso que la ciencia; es anterior a la ciencia, y exige una tensión de espíritu más elevada y un grado más avanzado de comprensión humana. El secreto del hombre, en definitiva, es el problema que se desprende de la filosofía de la creación.[19]

Con esto se ve que ese autor está hablando de lo que le parece que debe predominar en la filosofía; no es que rechace el raciocinio, sino que da preeminencia a la intuición, y deja entrever que desea que la acompañe la pasión.

1.3. Una filosofía del rigor lógico

Así como ha habido filosofías de la libertad creativa, ha habido otras apegadas totalmente a la lógica científica, a tal punto que hablan de una filosofía científica (Reichenbach) o de una filosofía logística. Por tomar sólo un ejemplo, podemos acudir a Rudolf Carnap, quien vio a la metafísica y a la ética como especulaciones sin sentido, es decir, ni siquiera como falsas, sino como algo previo, carentes de significado.[20]

Veía los problemas filosóficos como surgidos de faltas en la sintaxis lógica del lenguaje, según la influencia que el Círculo de Viena recibió del primer Wittgenstein, grupo al que pertenecía Carnap, junto con otros neopositivistas o positivistas lógicos.

Carnap exacerbó el criterio de significación colocado en la verificabilidad empírica, pues pronto se le indicó que sus mismos supuestos filosóficos eran inverificables empíricamente, por lo que tuvo que cambiar de postura

---

[19] *Ibid.*, p. 38.

[20] V. Kraft, *El círculo de Viena*, Madrid, Taurus, 1966, pp. 204 y ss.

varias veces, y ajustarla cada vez más, hasta que acabó por aceptar la metafísica, al menos como algo interno a las teorías científicas.

Pero el realce de la ciencia, por ejemplo, a través de la lógica matemática, no tiene por qué conducir a la negación de la metafísica ni de la ética, según lo puso de manifiesto un gran lógico polaco, Jan Lukasiewicz. Este pensador pugnaba porque la filosofía fuera científica, que hiciera un uso muy estricto de la lógica formal, incluso de la logística, como se llamaba a la lógica matemática, pero eso no implicaba que negara la especulación filosófica. Aceptaba la metafísica y la ética, pues eran independientes de la lógica, la cual no dependía de ningún sistema filosófico, también era independiente. Pero servía para construir sistemas filosóficos que no estuvieran inundados de irracionalismo.

Sin embargo, no reducía todo a la lógica, a la razón; igualmente aceptaba la intuición, y decía que era algo que asimismo aceptaban los científicos. Es una experiencia que todos ellos tienen. Escribe:

No sé qué es el pensamiento intuitivo y no me encuentro con competencia para explicarlo. Pero estoy convencido de que, además del pensamiento discursivo, puede haber alguna otra manera de llegar a la verdad, porque los lógicos conocen por propia experiencia hechos semejantes. Sucede a veces que o bien como resultado del trabajo subconsciente de la mente o bien merced a una afortunada asociación de ideas, o gracias a un sentido instintivo de la verdad, una idea creativa y fértil, que remueve nuestras dificultades y abre nuevos caminos de investigación, aparece a nuestra conciencia de una manera completamente inesperada, como por inspiración. Esto sucede sobre todo en la vanguardia del pensamiento humano, allí donde nos enfrentamos con territorios todavía no conquistados por la ciencia, no iluminados por el pensamiento, oscuros e incógnitos. Allí la intuición reemplaza con frecuencia al pensamiento discursivo, que en estos casos suele ser inútil, y hace las primeras conquistas pioneras en los nuevos territorios.[21]

Sin embargo, añade que, cuando se han encontrado esas ideas, entonces es cuando tiene que intervenir el pensamiento discursivo, pues sólo cuando se les da una estructura lógica es cuando puede decirse que ese territorio ha sido conquistado por el conocimiento humano.

Como se ve, Lukasiewicz pide la conjunción de la intuición y el raciocinio. De hecho, son las dos fuerzas que tenemos para el conocimiento. Ni pura intuición, porque puede llevar a teorías gratuitas, ni puro raciocinio, ya que suele conducir a vacuidades. Parodiando a Kant podemos decir que la intuición sin el raciocinio es ciega, pero el raciocinio sin intuición es vacío.

1.4. Intento de equilibrio: una filosofía analógica

Después de las consideraciones y los ejemplos anteriores, queda el buscar un equilibrio proporcional entre esos dos polos del conocimiento que son la intuición y el raciocinio. Un ejemplo de ese equilibrio lo suministra Charles Sanders Peirce, que supo ser un lógico rigurosísimo y, al mismo tiempo, su concepción del conocimiento daba un amplísimo margen a la libertad de investigación. Hay que dejar que se practiquen diversas búsquedas, claro que dentro de ciertos límites, pero amplios, para encontrar la verdad.[22]

Esta libertad creativa en la filosofía, señalada por Peirce, ha sabido recalcarla su seguidora Susan Haack; a ella la he conocido y hemos intercambiado impresiones acerca de los límites de ese dominio, el cual siempre me queda suficientemente amplio para una filosofía seria y abierta a la

---

[21]   J. Lukasiewicz, "En defensa de la logística", en *Estudios de lógica y filosofía*, Madrid, Biblioteca de la Revista de Occidente, 1975, pp. 132-133.

[22]   M. Beuchot, *Charles Sanders Peirce: semiótica, iconicidad y analogía*, México, Herder, 2014, pp. 43 y ss.

vez. Haack lo dice bien en un libro que ella misma me obsequió, con una dedicatoria autógrafa.[23]

Siguiendo el ejemplo de Peirce, esta autora se opone a la cerrazón de positivistas lógicos, como Carnap; pero también a la desmesurada apertura de neopragmatistas, como Rorty. Es decir, rechaza tanto el cientificismo como el neocinismo (así llama a ese nuevo cinismo de Rorty y otros posmodernos) en la filosofía.[24]

Ella misma se califica como apasionada moderada, es decir, guardando el equilibrio proporcional siempre, o esforzándose por hacerlo. Ya Peirce fue un modelo de eso, y puede redituarnos un buen servicio para lograrlo en la actualidad, ya que es algo que necesita nuestra filosofía de hoy.

A mí me tocó la filosofía analítica, en toda la década de los ochenta, en el Instituto de Investigaciones Filosóficas de la Universidad Nacional Autónoma de México (UNAM). De hecho, era un positivismo lógico, pues todo tenía que ser demostrado con argumentos que se llevaban a la formalización lógica. Pero siempre había analíticos moderados, como Luis Villoro, quien defendía la metafísica. En ese ambiente, yo traté de aminorar el positivismo proponiendo el cultivo del pragmatismo, en la línea de Peirce. Por eso cultivé la semiótica, pero en su vertiente pragmática.

Después me tocó la filosofía posmoderna, en el Instituto de Investigaciones Filológicas, al cual me pasé en 1991. Predominaba la vertiente europea, con Derrida y Vattimo. Por eso me dediqué a la hermenéutica, la cual en ese ámbito era muy relativista, por lo que propuse una hermenéutica analógica, para restarle fuerza al relativismo, que yo veía como equivocismo, contrario al univocismo del positivismo, y que yo quería colocar en algo intermedio, gracias a la analogicidad.

Trabé contacto y amistad con Gianni Vattimo y con su discípulo Maurizio Ferraris. Pero este último se opuso frontalmente a su maestro, y fue el paladín de un nuevo realismo, movimiento en el que amablemente me incluyó,

---

[23] S. Haack, *Putting Philosophy to Work. Inquiry and its Place in Culture*, Amherst-Nueva York, Prometheus Books, 2013 (edición ampliada), pp. 40-45.

[24] *Ibid.*, p. 42.

por tener yo una hermenéutica realista, no relativista o equivocista, es decir, un realismo analógico. Asimismo, me presentó a Markus Gabriel, connotado impulsor de ese movimiento del nuevo realismo. Y me incluyó en esa vertiente, junto con mi colaborador, el filósofo argentino José Luis Jerez.

Mi afán era moderar tanto las pretensiones del positivismo como la desesperanza del posmodernismo. El positivismo, al cual se reducía la filosofía analítica en nuestros medios, era un pensamiento unívoco, que a la postre ha terminado por disolverse, porque no cumplió sus promesas de una filosofía completamente científica. Y el posmodernismo era un pensamiento débil, demasiado débil, por lo que acabó diluyéndose y ya está de salida.

Los discípulos de los positivistas lógicos andan buscando caminos en el pragmatismo, y los discípulos de los posmodernistas andan proclamando un nuevo realismo; por ejemplo, Ferraris, alumno de Vattimo, y Quentin Meillassoux, discípulo de Badiou, quien fue seguidor de Deleuze. Se están buscando nuevos derroteros. Ferraris, en una ocasión que estuvo con nosotros en la UNAM, contó que había trabajado con Derrida los últimos años de éste, y que vio cómo se fue desdiciendo de sus posturas iniciales, como las de los años sesenta y setenta.

Todo eso nos indica que existe la posibilidad de llegar a un acuerdo, a un equilibrio proporcional, en la filosofía, entre esas dos fuerzas polarizadas, que ahora se pueden conjuntar en un mismo esfuerzo. La intuición y el raciocinio, la hermenéutica y la lógica. Creo que puede hacerse a través de la analogía, que va más allá de la univocidad y la equivocidad, por lo que nos puede sacar del *impasse* que ya se da entre el univocismo positivista y el equivocismo posmodernista.

Tal era la finalidad de la hermenéutica analógica, propuesta que lancé en 1993, y que ha sido secundada por varios filósofos; para evitar la hermenéutica unívoca de varios analíticos y la hermenéutica equívoca de muchos posmodernos. Y que ahora estoy tratando de ampliar en forma de racionalidad analógica, es decir, más ambiciosa y optimista.

El pensamiento unívoco es monista, no admite diversas aproximaciones a la verdad, sino una única interpretación del mundo como válida; en cambio, el pensamiento equívoco permite todas las interpretaciones del mundo como válidas, alegando ausencia de criterios, lo cual es hacer que, a la postre, ninguna sea válida.[25] En cambio, el pensamiento analógico, a diferencia del unívoco, permite varias interpretaciones como válidas, porque son proporcionalmente conmensurables; pero, a diferencia del equívoco, jerarquizadas de mejor a peor, hasta que llega un punto en el que se hunden en el error; así, oscila entre la univocidad y la equivocidad, guardando un difícil y delicado equilibrio.

Eso es lo que pretendió una hermenéutica analógica, y es lo que pretende ahora una racionalidad analógica, la cual trata de ir más allá de la univocidad y de la equivocidad (por así decir, más allá del bien y del mal, en sentido extramoral), y aprovechar sus ventajas: de la unívoca, la exigencia de rigor, y de la equívoca, la apertura; pero sin sus desventajas: de la unívoca, la pretensión de unicidad, y de la equívoca, la desmesurada apertura.

Creo que una racionalidad analógica nos dará una filosofía en esa línea, que supere los callejones sin salida en los que ha incurrido la cultura recientemente. Han sido crisis muy notorias, pero las crisis pueden ser saludables, siempre y cuando empujen a encontrar una salida, un camino nuevo, que conduzca a terrenos más favorables.

Conclusión

Difícil cosa es reflexionar sobre la filosofía, es decir, filosofar sobre el mismo filosofar, en esa filosofía de la filosofía, como la llamó Gaos, o metafilosofía, como la llamaron los analíticos. Pero tiene que hacerse siempre. Hay que revisarnos continuamente, hasta en los propios fundamentos. Así hemos encontrado una filosofía analógica, la cual guarda un equilibrio proporcional entre la intuición y el raciocinio, entre la metáfora y la metonimia, entre la equivocidad y la univocidad. Al parecer, es algo que promete un equilibrio.

---

[25] E. Sosa, "Serious Philosophy and Freedom of Spirit", *The Journal of Philosophy*, vol. LXXXIV, núm. 12, diciembre, 1987, pp. 707 y ss.

Sobre todo, hay que pensar en que continuamente se dice que la filosofía está en crisis. Eso puede servir, pues las crisis ayudan a crecer. Son crisis de crecimiento. Y es algo que nos interesa, como filósofos. Tenemos que poner a crítica y a debate lo que pensamos. Es la forma en que mejor avanzará nuestra disciplina, y será una labor comunitaria, entre la hermandad filosófica.

Capítulo 2

La hermenéutica en las humanidades

Introducción

En estas líneas intentaré conectar las humanidades con la hermenéutica. Lo haré a través de una que me interesa de manera particular y que he denominado: "hermenéutica analógica". Es decir, le estoy incorporando la noción de analogía. Es un concepto que veo muy presente en el pensamiento iberoamericano y mexicano. Aquí me centraré en mostrar su presencia en este último, en el pensamiento de México. Muestra diferentes momentos en los que ha discurrido una racionalidad analógica. La hallamos desde el momento prehispánico o indígena (que tenemos que reconocer como filosófico, aunque fue diferente del europeo) hasta el que vemos en la actualidad, pasando por la Colonia y otros periodos de nuestra historia. Trataré de señalarlo, al menos a grandes rasgos. Y también puede indicarse en el pensamiento iberoamericano, que es muy semejante o análogo al nuestro. Somos culturas cercanas.

2.1. La analogía en la hermenéutica

Iré, pues, a la hermenéutica y las humanidades. La hermenéutica puede definirse como la disciplina que enseña a interpretar textos.[1] Disciplina, porque

---

[1] M. Beuchot, *Perfiles esenciales de la hermenéutica*, México, FCE, 2013, pp. 32 y ss.

29

es ciencia y arte a la vez, ya que usa tanto el razonamiento como la intuición. Interpretar consiste en llegar a comprender significados, y es un proceso, a veces dilatado, de profundización en los textos. Y el concepto de texto se ha ampliado. Al principio abarcaba el escrito, pero ahora ha pasado a la conversación o diálogo y a la acción significativa. E incluso Heidegger llamaba a la ontología hermenéutica de la facticidad, con lo cual se hacía de la realidad un texto.[2]

La hermenéutica, en filosofía, ha pasado de ser una técnica de exégesis, a ser toda una filosofía.[3] Schleiermacher, en el siglo xix, comenzó a hacerlo; lo siguió Dilthey, a quien recuperó Heidegger, por consejo de uno de sus amigos, y así pasó a Hans-Georg Gadamer, su discípulo, y a Paul Ricoeur, seguidor de ambos.

Este instrumento de la interpretación ha logrado colocarse como un movimiento muy amplio en la actualidad, con cultivadores tanto del lado analítico como del lado continental. En el lado continental, Michel Foucault le dio la perspectiva crítica, en su "hermenéutica de sí mismo"; y Gianni Vattimo la hizo el pensamiento débil. En el lado analítico, la han cultivado Jorge Gracia, quien ha desarrollado todo un análisis de la textualidad, así como Marcelo Dascal, quien se empeñó en mostrar que la hermenéutica coincidía con la pragmática, rama de la semiótica, y este connotado pragmatista conectó así la tradición analítica y la continental. Un caso extraño fue el de Richard Rorty, quien primero fue analítico, y después se hizo continental, cuando dijo que la epistemología analítica era desbancada por la hermenéutica posmoderna,[4] y se llamó posanalítico y neopragmatista. A mí más bien me gustaría conectar las dos tradiciones, no perder ese contacto que ya han encontrado en algunos casos recientes.

Pero también se ha visto, en la filosofía reciente, de manera muy parecida a lo que sucedía en la analítica del lenguaje, una dolorosa tensión en la vertiente hermenéutica entre teorías de la interpretación muy pretenciosas

---

[2]   J. Grondin, *La hermenéutica*, Barcelona, Herder, 2008, pp. 27 y ss.

[3]   M. Ferraris, *Historia de la hermenéutica*, México, Siglo XXI, 2002, pp. 95 y ss.

[4]   R. Rorty, *La filosofía y el espejo de la naturaleza*, Madrid, Cátedra, 1983, pp. 287 y ss.

y rígidas, como la de Emilio Betti, que desean una comprensión cabal y exhaustiva de los textos, y otras, como la de Jacques Derrida, que se distienden en una comprensión muy relativa, demasiado débil, excesivamente ambigua. Podemos llamarlas hermenéutica unívoca y hermenéutica equívoca. A esta última, Ricoeur la llamaba hermenéutica romántica y, por ende, a la otra la podemos llamar hermenéutica positivista. Romanticismo y positivismo anduvieron juntos en el siglo xix, y tal parece que continúan en la actualidad, como filosofía analítica y filosofía posmoderna.

Una hermenéutica unívoca pretende alcanzar un significado claro y distinto, completamente exacto y riguroso; por eso admite una sola interpretación como válida, y todas las demás tienen que ser falsas. Una hermenéutica equívoca se derrumba en un significado confuso y oscuro, demasiado ambiguo; por eso admite casi todas las interpretaciones como válidas, lo cual hace que ninguna lo sea en definitiva. Por eso yo traté de encontrar una vía intermedia, porque la interpretación unívoca muy pocas veces se alcanza, y la interpretación equívoca no sirve de mucho, casi para nada. Y así, buscando y buscando, me topé con una hermenéutica analógica, que incorporara el concepto de la analogía, la cual es la tierra media entre esos dos extremos que he señalado, de la univocidad y la equivocidad.

La importancia del concepto de la analogía se me presentó hacia 1973, cuando estudiaba en la Universidad de Friburgo, Suiza, gracias a mi maestro, el connotado lógico y semiótico Josef Bochenski, el cual había elaborado una lógica de la analogía.[5] Nos decía que era algo que se necesitaba en la filosofía analítica, donde un término puede tener muchos significados, y sólo se indicaban con subíndices, pero hacía falta una teoría de ese fenómeno de la polisemia. Era, pues, un recurso semiótico para la lógica.

Después, cuando yo cultivaba la filosofía analítica, en el Instituto de Investigaciones Filosóficas de la unam, en 1986, tuve la oportunidad de asistir a un congreso acerca de Paul Ricoeur en Granada, España, y llevé una

---

[5] I. M. Bochenski, "On Analogy", en A. Menne (ed.), *Logico-Philosophical Studies*, Dordrecht, Reidel, 1962, pp. 96-117.

conferencia sobre el símbolo onírico en Freud y en Ricoeur.[6] Este último respondía las conferencias, y después de contestar la mía, me invitó a tomar un café en el descanso, entonces me dijo que, para el tema del símbolo, que es el más importante en la hermenéutica, iba a necesitar el concepto de analogía, que revisara sus libros *La simbólica del mal* y *La metáfora viva*, en los cuales, efectivamente, hace ver cómo la analogía o proporción es la que nos hace comprender los símbolos, sobre todo los de otra cultura.

Armado con estas directrices, me puse a estudiar a fondo, y, en vez de avanzar en la línea de una lógica de la analogía, me pasé a la aplicación de la analogía en la interpretación, a estructurar una hermenéutica analógica. Además, del Instituto de Investigaciones Filosóficas me había pasado al de Filológicas para coordinar el Centro de Estudios Clásicos, donde se traducían y estudiaban textos griegos y latinos, como los de Platón, Aristóteles y Cicerón. Y, ya que Gadamer, además de filósofo, alumno de Heidegger, había sido un excelente filólogo clásico, me decidí a aplicar la hermenéutica a la traducción de los clásicos, en forma de hermenéutica analógica. No en balde Hermes había sido el traductor, el intérprete, y, además, era un diosecillo híbrido, hijo de Zeus y de una mortal, por lo cual era un mestizo, es decir, un análogo. Eso me hizo pensar que la hermenéutica, al igual que ese patrono suyo, tenía que ser analógica.

Lancé la propuesta de una hermenéutica analógica el año 1993, en el congreso de la Asociación Filosófica de México, cuando fue presidenta del mismo Graciela Hierro, quien apoyó mi propuesta teórica, y gracias a las que fueron sus ayudantes, Griselda Gutiérrez y Mariflor Aguilar, se me dio una mesa plenaria, en la que Mariflor, Ambrosio Velasco, Raúl Alcalá y otros fueron encargados de discutirla.[7]

---

[6] M. Beuchot, "Verdad y hermenéutica en el psicoanálisis según Ricoeur", en T. Calvo Martínez y R. Ávila Crespo (eds.), *Paul Ricoeur: los caminos de la interpretación. Symposium internacional sobre el pensamiento filosófico de Paul Ricoeur*, Barcelona, Anthropos, 1991, pp. 193-212. La respuesta de Ricoeur está en las pp. 213-218.

[7] M. Beuchot, "Los márgenes de la interpretación: hacia un modelo analógico de la hermenéutica", en M. Aguilar Rivero (coord.), *Diálogos sobre filosofía contemporánea*, México, Asociación Filosófica de México-UNAM, 1995, pp. 159-176. También en M. Beuchot, *Tratado de hermenéutica analógica. Hacia un nuevo modelo de la interpretación*, 5a. ed., México, UNAM, 2019.

La analogía da a la hermenéutica el procurar el rigor de la univocidad, pero balanceado con la apertura de la equivocidad. Asimismo, la analogía tiene una cara de proporcionalidad y otra de atribución; la primera ayuda a aglutinar, a conmensurar, a buscar el común denominador, para igualar las interpretaciones; la de atribución permite ordenar, jerarquizar, poner analogados primeros y segundos, hasta llegar a la equivocidad. Asimismo, la analogía, como señaló Roman Jakobson, tiene dos polos: la metáfora y la metonimia. Según él, la metonimia sirve para hacer ciencia y la metáfora, poesía, aunque creo que se pueden juntar las dos, tanto para hacer ciencia como para hacer poesía. Y para Charles Sanders Peirce, la analogía es el signo icónico, entre el índice, que es unívoco, y el símbolo, que para él es equívoco. Y el ícono se divide en imagen, diagrama y metáfora, con lo que volvemos a encontrar el polo metonímico y el polo metafórico, y en medio el diagrama, que es lo más analógico. Por eso, en lugar de la gramatología de Derrida, necesitamos más bien una diagramatología.

Poco a poco ha ido consolidándose esta propuesta de la hermenéutica analógica, tanto en la construcción teórica como en la aplicación práctica. En la primera ayudan todas las discusiones que se le han hecho, las cuales mueven a exigirse más rigor en la fundamentación filosófica. Y las aplicaciones se han hecho en diversos campos, por los especialistas en sus ramas. Sobre todo, esto ha sucedido en las humanidades, por lo que me gustaría pasar a ese tema.

2.2. La hermenéutica analógica en las humanidades

La hermenéutica analógica puede ser benéfica para las humanidades. En primer lugar, porque en ellas se usa mucho la hermenéutica, ya que en estas ciencias sociales nuestro trabajo es sobre todo de interpretar textos, o hechos como si fueran textos. En segundo lugar, porque en estas disciplinas se pelean la plaza las hermenéuticas unívocas y las equívocas, que, a la postre, dañan mucho a estos saberes. Trataré de ejemplificarlo, aun sea mínimamente. No trataré todas las humanidades, tarea imposible, pero sí unos cuantos ejemplos.

En literatura, se ha aplicado bastante la hermenéutica.[8] Pero se dan posturas univocistas, como la de Susan Sontag, la cual en su escrito *Contra la interpretación* (1966), sostiene que no hay que usar la hermenéutica, porque, al interpretar, se va al contenido, más allá de la forma, con lo cual no se deja ser a la obra de arte, se le impone una modalidad. También se dan posturas equivocistas, como la de Terry Eagleton, quien, en su obra *Walter Benjamin o hacia una crítica revolucionaria* (1981), da la primacía al contenido sobre la forma, asegurando que toda pieza literaria requiere de la hermenéutica, pero no hay criterios firmes para interpretarla; no existe en sí, solamente para nosotros. En cambio, Caleb Olvera ha aplicado la hermenéutica analógica a la literatura, en su libro *Hermenéutica analógica y literatura*, en el que realiza el equilibrio entre la forma y el contenido; pues, a través de la intencionalidad del artista, logra la proporción entre formalismo y contenidismo.[9]

En antropología,[10] más bien se ha tendido a la hermenéutica equívoca, en pos de Clifford Geertz. Este autor se ve muy analógico en su libro *La interpretación de las culturas*, de 1973, en el que pone como lo principal los símbolos, que nos llevan a modelos, es decir, a íconos, los cuales tienen un carácter analógico. Pero en su obra *El antropólogo como autor*, de 1988, ve la investigación antropológica como un género de ficción. Al describir las culturas, somos una especie de críticos literarios de sus representaciones. Es como escribir una novela, de modo parecido a Malinowski. Por eso se le ha opuesto una hermenéutica analógica, como la de Sofía Reding y Rosaura Yépez, que han logrado una comprensión analógica de las culturas basada en la proporción y en la *phrónesis*, muy en la línea de Peter Winch y su obra *Comprender una sociedad primitiva* (1964).[11]

---

8   M. Beuchot, *La hermenéutica como herramienta en la investigación social*, San Luis Potosí, Universidad Autónoma de San Luis Potosí, 2007, pp. 23-26.

9   C. Olvera Romero, *Hermenéutica analógica y literatura*, México, Primero Editores-Cali, Colombia, AC Editores, 2000.

10   M. Beuchot, *La hermenéutica como herramienta...*, pp. 29-32.

11   S. Reding Blase, *Antropología y analogía*, México, Taller Abierto, 1999.

En historia[12] tenemos el caso de una actitud unívoca en Carl Hempel, quien, en su ensayo "La función de las leyes generales en la historia" (1942), busca incluso enunciados nomológicos, esto es, de tipo ley, para la historiografía. En cambio, la hermenéutica equívoca la encuentro en Hyden White, quien, en sus *Trópicos del discurso* (1978), dice que hay cuatro tropos literarios con los que los historiadores escriben la historia: metáfora, metonimia, sinécdoque e ironía. Pero sostiene que se escribe la historia como literatura, no como ciencia; esto es, casi le quita la objetividad. Así, en la historia la cientificidad se esfuma, porque no hay realidad a la que corresponda. En cambio, Ascensión Hernández de León Portilla aplica la hermenéutica analógica a la historia y la antropología, rescatando la exigencia de objetividad en esta disciplina.[13]

En pedagogía también se siente la presencia de la equivocidad. La vi, por ejemplo, en Peter MacLaren, que visitó la Universidad Pedagógica Nacional hace algunos años, y con quien querían ponerme a debatir, pero afortunadamente no se hizo. En varios de sus libros, pero sobre todo en *Pedagogía crítica y cultura depredadora. Políticas de oposición en la era posmoderna* (1995), sostiene una libertad desaforada en la educación, de modo que no hay límites que pueda uno encontrar y dar a la enseñanza algunos criterios, tanto por parte del profesor como por parte del alumno. Da la impresión de que todo se vale. En cambio, Luis Eduardo Primero Rivas y Arturo Álvarez Balandra, de esa misma universidad, han empleado la hermenéutica analógica y han elaborado un modelo educativo equilibrado.[14]

En el derecho[15] ha habido una postura demasiado univocista en Emilio Betti. En su libro *La interpretación de la ley y los actos jurídicos* (1979), se afana por alcanzar una hermenéutica científica, con una actitud metodologista,

---

[12] M. Beuchot, *La hermenéutica como herramienta...*, pp. 29-32.

[13] A. Hernández de León Portilla (coord.), *Hermenéutica analógica. La analogía en la antropología y la historia*, México, UNAM, 2009.

[14] L. E. Primero Rivas (coord.), *Significado y posibilidades de la hermenéutica analógica*, México, Asociación Filosófica de México, 2005; A. C. Álvarez Balandra, *La interpretación de los procesos educativos desde la hermenéutica analógica (ontología, episteme y método)*, México, Universidad Pedagógica Nacional, 2012.

[15] M. Beuchot, *La hermenéutica como herramienta...*, pp. 45-49.

es decir, quiere una interpretación objetivista de la ley, y da la impresión de pretender ir más allá de lo alcanzable en ella. Por otra parte, se creería que en la cultura jurídica no caben posturas equivocistas, pero las hay; son las teorías posmodernas del derecho, como las de Costas Douzinas, Ronnie Warrington, Duncan Kennedy y Carlos Cárcova, quienes hablan de la elasticidad de la ley como texto opaco, ambiguo, que no tiene criterios firmes para ser interpretado y que, por ello, se presta a la disolución; en efecto, le aplican la desconstrucción y la diseminación. A diferencia de ellos, Napoleón Conde Gaxiola ha aplicado la hermenéutica analógica al derecho y ha logrado una interpretación proporcional del texto jurídico, en la línea de Dworkin; esto es, buscando la equidad y la justicia, las cuales son sentido de la proporción, es decir, analogía hecha vida.[16]

En la psicología, me centraré solamente en el psicoanálisis. En él ha habido corrientes unívocas, como los que se afanan por darle una cientificidad que no es la hermenéutica, tratando de hacerlo respetable, pero haciéndole perder su *episteme*, que es interpretativa, ya que Freud lo concibió como arte y técnica de la interpretación. Pero también ha habido corrientes equívocas, muy vinculadas a la posmodernidad, que ya dejan que el análisis sea cualquier cosa, sin cuidarse de la cura y dejándolo en el delirio compartido. En cambio, ha habido aplicaciones de la hermenéutica analógica, como las de Ricardo Blanco y Felipe Flores, psicoanalistas y filósofos, que se han afanado por comprender el inconsciente y hacerlo aflorar, en lo que cabe, a la conciencia, sin pretender la objetividad y exactitud de una hermenéutica unívoca, pero sin que se escurra hasta la ambigüedad disolvente de la hermenéutica equívoca.[17]

En sociología,[18] he encontrado intentos de analogicidad, por ejemplo, en Max Weber, quien en *El político y el científico* (1919) y en *Economía*

---

[16] N. Conde Gaxiola, *Apuntes analógicos de una hermenéutica jurídica*, México, ipn, 2013.

[17] F. Flores, "Entre la identidad y la inconmensurabilidad, la diferencia. Aristóteles y Freud: el caso de la analogía", en L. Álvarez Colín (comp.), *Hermenéutica analógica, símbolo y psicoanálisis*, México, Ducere, 2003, pp. 83-113; R. F. Blanco Beledo, "¿Psicoanálisis y hermenéutica analógica? Propuesta de una línea de investigación", J. E. González (coord.), *Hermenéutica analógica. Anthropos. Cuadernos de cultura crítica y conocimiento*, núm. 249, Barcelona, octubre-diciembre, 2017, pp. 151-156.

[18] M. Beuchot, *La hermenéutica como herramienta...*, pp. 26-29.

y sociedad (1922, póstumo) se plantea buscar el sentido o intención subjetiva de los actores sociales. De manera parecida a Dilthey, dice que interpretar es imaginar los motivos que impulsaron a la acción, para lo cual hay que usar la empatía, lo cual es muy analógico. También se ve en la iconicidad de los tipos sociológicos, modelos o íconos, como los que buscaba Talcott Parsons, en su libro *Hacia una teoría general de la acción* (1951), y algo parecido se halla en Georges Gurvitch, en *La vocación actual de la sociología* (1957), donde señala tipos sociales o históricos, y se centra en los símbolos producidos por el hombre, que nos llevan a una mente colectiva. Se dan allí la analogía y la iconicidad, en esos modelos o tipos, que siempre son sólo proporcionales.

En economía se ve algo parecido, ya que hay la corriente que supedita todo a las matemáticas, pero también hay algunos que buscan la economía con humanismo, según se percibe en un Premio Nobel de esa disciplina, Amartya Sen, el cual sostiene que la economía funciona mejor si procura la justicia distributiva.

Todo eso nos muestra la aplicabilidad de la hermenéutica en las humanidades, específicamente en su modalidad analógica. Y ahora paso a tratar de hacer ver que la hermenéutica basada en la analogía se corresponde con el movimiento histórico de la filosofía mexicana. Es algo que mi amigo Ambrosio Velasco me ha pedido que muestre, y lo hago a continuación.

2.3. La racionalidad analógica en la filosofía mexicana

El uso del concepto de analogía está muy presente en la historia de la filosofía en México.[19] Se da ya desde los pueblos originarios. Nuestro gran especialista en ellos, Miguel León Portilla, me dijo que los nahuas lo usaban con su idea del cerca y del junto, su idea del *nepantla*, que es estar en el medio conectando los opuestos, es decir, es el equilibrio proporcional de los

---

[19] Puede verse esto con más detalle en M. Beuchot, *La racionalidad analógica en la filosofía mexicana*, México, Torres, 2012.

contrarios, como lo dijo el rey poeta Nezahualcóyotl, quien lo vio en el dios Quetzalcóatl, que juntó lo más aéreo (el quetzal) con lo más terreno (la serpiente), en la imagen de la serpiente emplumada, en su "flor y canto"; León Portilla lo hace ver en su obra clásica *La filosofía náhuatl*, de 1956.[20]

En el periodo colonial, se ve en los misioneros españoles que alcanzaron a comprender algo de la cultura indígena. Por ejemplo, Bartolomé de las Casas, que defendió a los indios y su cultura, comparándola con la europea en su *Apologética historia sumaria*, donde hace ver que los sacrificios humanos se daban en pueblos europeos, y que era un humanismo indígena, distinto del europeo.[21] Bernardino de Sahagún usó la analogía para tratar de comprender la otra cultura, la indígena, y rescatar y conservar lo más que pudo de la misma en sus descripciones antropológicas.[22]

También se dio en los profesores universitarios, como fray Alonso de la Vera Cruz, que enseñó el concepto de analogía en sus tratados de lógica, y lo aplicó en su libro *Speculum coniugiorum*, donde examina los matrimonios indígenas y los da por válidos; no era necesario volverlos a hacer en la Iglesia católica.[23] Por su parte, fray Tomás de Mercado enseñó el concepto de analogía en sus tratados lógicos y lo aplicó en su célebre *Suma de tratos y contratos*, donde busca la justicia conmutativa en el comercio, y ha sido considerado como un clásico de la economía por J. Schumpeter en su *Historia del análisis económico*.[24] Otro tanto hace el jesuita Antonio Rubio, cuyo *Curso filosófico* fue utilizado por René Descartes, ya que se usaba para preparar los exámenes en el Colegio de la Flèche, de los jesuitas, donde el padre de la modernidad estudió; también la obra de Rubio, *Logica mexicana*, fue citada por Leibniz, en su *De principio individui*.[25]

---

[20] M. León Portilla, *La filosofía náhuatl estudiada en sus fuentes*, México, 10a. ed., UNAM, 2006, pp. 142 y ss.

[21] R. Martínez Lacy, "El clasicismo analógico de Bartolomé de las Casas", en A. Hernández de León Portilla (coord.), *Hermenéutica analógica...*, pp. 59 y ss.

[22] A. Hernández de León Portilla, "La hermenéutica de Sahagún y la creación de la antropología", en *Hermenéutica analógica...*, pp. 87 y ss.

[23] M. Beuchot, *Historia de la filosofía en el México colonial*, Barcelona, Herder, 2008, pp. 124 y ss.

[24] *Ibid.*, pp. 114 y ss.

[25] *Ibid.*, pp. 142 y ss.

En el barroco siglo XVII, la analogía fue empleada por Carlos de Sigüenza y Góngora, profesor de matemáticas y astronomía en la Real y Pontificia Universidad de México, en su libro *Teatro de virtudes políticas*, en el que las ejemplificó refiriéndose a monarcas indígenas, y no a los romanos, como solía hacerse.[26] También se ve en la poesía de sor Juana, que supo balancear el conceptismo y el culteranismo en su poesía.[27]

Así, en el siglo XVIII sirvió a Francisco Xavier Clavijero, quien en su *Historia antigua de México* escribió varios excursos para defender la cultura indígena, que era menospreciada por los ilustrados, como Buffon, Raynal y De Pauw, quienes veían a los indios como primitivos y atrasados, lo cual justificaba que fueran gobernados por los europeos. Clavijero hace ver que esos ilustrados no tenían conocimiento directo de estas tierras, y que la cultura indígena era comparable a la europea, aunque no igual a ella, sino análoga, porque tenía semejanzas y diferencias con la otra.[28]

En el siglo XIX la filosofía decae en México, ocupado primero en las guerras de independencia, luego contra el imperio y además en revueltas intestinas, que abarcaron casi todo el siglo. La paz viene al final, con Porfirio Díaz y sus teóricos positivistas, pero hubo al menos un filósofo que se ocupó de la analogía, Clemente de Jesús Munguía, en su obra *Del pensamiento y su enunciación*, de 1852. La trata como elemento de conocimiento y de lenguaje, y que el razonamiento por analogía, falible pero útil, porque maneja probabilidades, es el que se usa en la ética y la política.[29] Pero los positivistas desconocieron o no quisieron ese modo de pensar.

En el siglo XX el concepto de analogía reaparece en José Vasconcelos, primero en su libro *Pitágoras. Una teoría del ritmo* (1919), ya que el ritmo es proporción, que es la palabra con que los latinos tradujeron el vocablo griego *analogía*. Después se ve en su obra *Filosofía estética*, ya tardía, de 1952

---

[26]   *Ibid.*, pp. 183 y ss.

[27]   *Ibid.*, pp. 194 y ss.

[28]   *Ibid.*, pp. 230 y ss.

[29]   C. J. Munguía, *Del pensamiento y su enunciación, considerado en sí mismo, en sus relaciones y en sus leyes,* en *Obras diversas*, Morelia, Imprenta de Ignacio Arango, 1853, vol. III, p. 13.

(pues él muere en 1959), donde el ritmo y la proporción marcan la orientación de su estética y de su pensamiento filosófico.[30]

Analogista fue Oswaldo Robles, en su libro sobre Freud, *Símbolo y deseo* (1956), en el que explica el símbolo como una de las formas de la analogía, algo que tiene que interpretar el psicólogo en su paciente, como una metáfora.[31] Algo así hizo Adolfo García Díaz, filósofo mexicano que enseñó y murió en Venezuela, y que hizo una tesis de maestría y ensayos sobre la analogía en nuestra revista *Diánoia*, de la que fue uno de los fundadores.[32] También fue analogista Alejandro Rossi, quien lo dice en su discurso de ingreso a El Colegio Nacional, en 1996.[33] Allí decía que su primer curso en la Facultad de Filosofía y Letras de la unam fue sobre la analogía en la lógica y la filosofía del lenguaje. Curiosamente, según él mismo me contó, estuvo en 1959 como sinodal en el examen de García Díaz sobre la analogía.

Pero sobresale Octavio Paz, nuestro gran poeta y Premio Nobel. Fue muy amante de la noción de analogía, y sostenía que era el núcleo de la poesía, pues ese concepto conjunta, como dos caras, la metáfora y la metonimia.[34] Lo aplicaba a su estudio de los románticos, simbolistas y surrealistas, en los que encontraba ese juego y decía que eran los padres de la poesía contemporánea. Y lo más impresionante es que Paz hizo de la analogía el corazón teórico de su poética. Con él pude hablar en dos ocasiones, en que me pidió que le comentara acerca de la analogía en filosofía; pero, como es natural, él la veía más del lado de la metáfora, es decir, desde la poesía.

Teórico de la analogía ha sido en estas tierras Enrique Dussel, en forma de analéctica o anadialéctica.[35] Es decir, trata de dialectizar la analogía,

---

[30] M. Beuchot, "Prólogo", en J. Vasconcelos, *Pitágoras*, México, Conaculta, 2011, pp. 9 y ss. (Colección Summa Mexicana).

[31] O. Robles, *Símbolo y deseo*, 2a. ed., México, Jus, 1960, pp. 145-147.

[32] A. García Díaz, "La analogía entre Dios y las creaturas según santo Tomás", *Diánoia*, vol. 4, 1958, pp. 142 y ss.

[33] A. Rossi, "Cartas credenciales", *Vuelta*, año XX, núm. 213, abril de 1996, pp. 11 y ss.

[34] O. Paz, *Los hijos del limo. Del romanticismo a la vanguardia*, Barcelona-Bogotá, Seix Barral, 1991, p. 86.

[35] E. Dussel, "El método analéctico y la liberación latinoamericana", en R. Ardiles *et al.*, *Hacia una filosofía de la liberación latinoamericana*, Buenos Aires, Bonum, 1973, pp. 125 y ss.; más recientemente, en *14 tesis de ética. Hacia la esencia del pensamiento crítico*, Madrid, Trotta, 2016, pp. 189 y ss.

y se esfuerza por incorporar la analogía a la dialéctica, señalando que la dialéctica hegeliana es enclaustrada, se envuelve en sí misma, en un sistema cerrado; en cambio, la analogía, que implica superación, apertura, puede abrir la dialéctica, hacerla abierta, para que no se cierre en sí misma y se muerda la cola. Aprovecha los trabajos de Lakebrink, estudioso de Hegel, y junto con Juan Carlos Scannone, aplica la analéctica a la liberación latinoamericana y al poscolonialismo.

Pues bien, creo que lo anterior es bastante para mostrar que la hermenéutica analógica tiene raigambre en la filosofía mexicana. Desde la época precolombina, pasando por la Colonia y la República, hasta la época actual, hunde sus raíces en nuestra racionalidad.

Conclusión

El de la analogía es un concepto universal, que quizá se encuentra en todas las filosofías, pero que ha tenido una presencia muy especial en nuestra propia historia filosófica mexicana. Ha orientado nuestra experiencia de pensamiento y puede seguir haciéndolo, para no perdernos en el camino del pensar, que a veces nos encierra en las univocidades y otras nos extravía en las oscuridades de la equivocidad. Por eso he creído que una teoría de la interpretación, empotrada en la analogía, es decir, una hermenéutica analógica, puede dar a nuestra situación filosófica una salida más allá del *impasse* en el que muchas veces la encontramos, por moverse a bandazos, yéndose de un extremo a otro, desde el univocismo hasta el equivocismo, sin encontrar nunca la mediación saludable que la haría salir a la realidad.

CAPÍTULO 3

La filosofía pragmatista y la analogía

Introducción

El pragmatismo es una corriente filosófica que tiene tradición desde el siglo XIX, atraviesa el XX y llega hasta nuestros días. Es más, en lo que va del siglo XXI se ha incrementado su cultivo y desarrollo. Es interesante, asimismo, que impregnó a la filosofía analítica en su versión estadounidense, ya que sus grandes expositores adoptaron ideas pragmáticas. Inclusive, es de notar que varios pragmatistas conectaron con la hermenéutica, con Gadamer y Habermas, e incluso con posmodernos como Foucault y Derrida.

Aquí resaltaré algunos aspectos de la exposición de Richard J. Bernstein que me resultan interesantes, sobre todo porque nos pinta la corriente del pragmatismo como muy centrada en la mediación, en el equilibrio proporcional, lo cual me hace verla como una filosofía analógica, pues la analogía es intermedia entre la univocidad y la equivocidad, y mediadora entre ellas.

3.1. Las teorías de la acción

En *Praxis y acción* (1971), Bernstein estudia la acción humana en el marxismo, en el existencialismo, en el pragmatismo y en la filosofía analítica. Como es sabido, en Marx se trata de la praxis, que él puso como el punto de partida, el punto de llegada y el criterio de verdad de la teoría. Si bien veía la praxis sin teoría como acéfala, también veía la teoría sin praxis como incompleta, inacabada. En eso congeniaba con el pragmatismo, que estaba tan interesado en la acción humana, en un tiempo muy cercano, por no decir coincidente.[1]

Es verdad que tenían perspectivas distintas, y que a Bernstein lo que le interesa es el pragmatismo, pero es abierto, pluralista, y acepta aprender cosas de los demás enfoques filosóficos. Se encarga de buscar las coincidencias que tienen con el pragmatismo. Y el marxismo coincide con él en que ponía la acción como lo central en su reflexión. Todo estaba encaminado hacia ella. También, al igual que en el marxismo, para el pragmatismo la acción es el punto de partida (en la experiencia), el punto de llegada (en la aplicación) y el criterio de verdad (en la contrastación empírica).

Además, nuestro autor compara el pragmatismo con el existencialismo. Kierkegaard da una gran importancia a la acción humana. Sólo que de una manera distinta al marxismo, pues no insiste en lo social, sino en lo individual. Precisamente en la acción confluye el tener que decidir, el mostrar que se es cristiano, y el comprobar lo que se piensa con los frutos prácticos que se producen. Y esto llega, por ejemplo, a Sartre, quien incluso militó en el marxismo; por eso lo conectó con el existencialismo. Hay similitudes con el pragmatismo, cosa que se dio, por poner un caso, en Nietzsche, que hablaba de una pragmática de la vida, y que en algunas historias de la filosofía se le considera como pragmatista. Quitando el aspecto trágico y angustioso del existencialismo, que Bernstein ve como una propensión hacia el nihilismo, esa escuela de pensamiento coincide con el pragmatismo en su aprecio por la acción humana, ya que ve la existencia del hombre como volcada hacia la praxis en sí misma, aunque le faltaba esa proyección a la comunidad, a la sociedad, que el pragmatismo sí tiene.[2]

Bernstein se esfuerza por mostrar que desde Hegel se daba esa coincidencia en la valoración de la acción y la experiencia. No concordaba con el marxismo en cuanto a lo político y lo económico, pero sí en cuanto a ser una

---

[1]   R. J. Bernstein, *Praxis y acción*, Madrid, Alianza, 1979, pp. 16 y ss.

[2]   *Ibid.*, pp. 96 y ss.

especie de ontología de la acción, una teoría de la praxis.[3] En efecto, nuestro autor trata de mostrar que las corrientes que toma en cuenta deben algo a Hegel, si no es que provienen de él. Ya sea por aceptación o por rechazo.

Lo señala claramente en el marxismo, ya que Marx se opuso a Hegel, pero tomó de él varios conceptos, como el de alienación, que proviene de la dialéctica del amo y el esclavo, y otros más, principalmente el de dialéctica. Especialmente, nuestro autor examina el concepto de acción humana en el marxismo, sobre todo en sociedad, como es lo propio de esa escuela.

En el caso del existencialismo, Kierkegaard también depende de Hegel, igualmente por oposición, ya que rechaza el sistema, la razón soberana, etcétera. En el caso del pragmatismo, Peirce tomó algunas ideas de Hegel, principalmente el esquema triádico de la dialéctica (todo lo dividía en tríadas). James se opuso al filósofo alemán. Dewey comenzó hegeliano, por su maestro G. S. Morris, pero por la influencia de Peirce se alejó del hegelianismo.[4] La filosofía analítica parece no deber nada a Hegel, pero lo hizo al menos por oposición, ya que conviene recordar que Moore y Russell comenzaron a filosofar combatiendo a los neohegelianos ingleses.

La noción marxista de la acción está montada en la de la praxis. Esta última es la esencia del hombre, pero su existencia concreta está alienada de su esencia. Esto se debe a que el patrono se queda con el trabajo del obrero, a través de la plusvalía, y con ello le está enajenando su propia naturaleza, como trabajador. Por eso hay que rescatar la esencia humana, para liberar al hombre de esa opresión, tan injusta. Hay aquí una fuerte conciencia del carácter social de la praxis.

En cambio, Kierkegaard habla de la acción humana como individual, no social, ya que le interesa la autenticidad de la persona. Se centra en la ética y la religión, yendo más allá del estadio estético, a un compromiso en la decisión de lo que el hombre debe hacer para llegar a ser un cristiano auténtico. Sin embargo, se da la paradoja de que, por más que se esfuerce el

---

[3] *Ibid.*, pp. 25 y ss.

[4] *Ibid.*, pp. 178 y 207.

individuo, nunca llegará a lograrlo. Sólo puede implorar la gracia de Dios, para ver si avanza un poco en esa línea.[5]

Los pragmatistas sí tienen una perspectiva de la acción humana social, y no sólo individual, aunque también atienden a ella. Peirce no se interesó casi en lo político, sino que sentó las bases para llegar a la formación de hábitos convenientes, más allá de los actos. Su máxima pragmática aludía a la acción: las ideas y los significados se ven en las conductas que desatan en las personas. James también examinó la conducta humana desde el lado psicológico, y aun desde el religioso. Dewey fue más atento a lo social, incorporando la pedagogía y una visión política y cultural pluralista y democrática.

Los filósofos analíticos han incursionado poco en la ética y la política, pero paso a paso fueron entrando al estudio del lenguaje de la moral, en una suerte de metaética. También han abordado la psicología filosófica, con análisis de las emociones, las intenciones y la acción, sólo que no como interés principal. Su foco de atención ha sido la ciencia, por eso tanta semiótica, lógica y epistemología. Debido a eso, Rorty, un posanalítico y neopragmatista, dice que hay que superar la epistemología con la hermenéutica.[6]

Por supuesto que Bernstein tiene preferencia por el pragmatismo, y hace ver cómo éste se ha recuperado en la filosofía analítica. Por eso se esfuerza por señalar la pragmática lingüística en el Wittgenstein tardío, en su segunda época, la cual da origen a los actos de habla y a otras corrientes en esa línea. Pero, sobre todo, señala que en la recepción de la filosofía analítica en los Estados Unidos se incorporaron muchas tesis de los pragmatistas clásicos. Por ejemplo, Quine retoma elementos de la lógica de Peirce, y un holismo que parece depender de James. Asimismo, su utilización del conductismo para la filosofía del lenguaje parece estar impulsada por Dewey. El caso más claro es el de Putnam, quien ha tomado algunas ideas de Peirce, pero, en especial, de James y algo de Dewey. Esto se ve, por poner un caso,

---

[5] *Ibid.*, p. 132.

[6] R. Rorty, *La filosofía y el espejo de la naturaleza*, Madrid, Cátedra, 1983, pp. 287 y ss.

en su teoría de la verdad y del realismo, ya que cada vez más se fue inclinando hacia James.[7]

Tal vez le faltó a Bernstein señalar que la recepción de la filosofía analítica en los Estados Unidos estuvo impregnada de mediadores pragmatistas. Uno de ellos fue Clarence Irving Lewis, connotado lógico, que influyó en Quine. Y quizá Sidney Hook, el cual sirvió de transición a algunos para llegar a la analítica. Esto se puede ver en Wilfrid Sellars, destacado analítico pero también con rasgos pragmatistas, ya que supo conjuntar una filosofía teórica con la práctica, y nunca dejó la lógica como instrumento de análisis, a pesar de que la analítica, por influjo de Oxford, se fue al lenguaje ordinario, sin pretensiones de formalizarlo. Esto lo vi en un alumno suyo, el guatemalteco Héctor-Neri Castañeda, que estudió y enseñó en los Estados Unidos, y pasó un tiempo en Oxford, pero no le convenció el análisis "ordinarista", y siempre siguió a Sellars en la aplicación de la lógica al lenguaje. Llegando, así, a un punto intermedio.

Ahora estamos recogiendo los frutos del pragmatismo en la filosofía de la acción. Se percibe, incluso, en la filosofía analítica mexicana, en la que se aplica la teoría a la praxis, con estudios sobre las emociones, la acción y la política, en seguimiento de John Rawls y, en el derecho, de Ronald Dworkin.

Lo que Bernstein pone de relieve es el interés del pragmatismo en la acción; es decir, que no sólo se planta en la teoría, sino que busca poder ser aplicado a la praxis. *Ta prágmata*, en griego, significa tanto las acciones como las cosas, sobre todo las cosas útiles para las acciones.

Algunas filosofías muy prácticas se han dado por oposición a otras muy teóricas. Esto lo hemos visto en el existencialismo, que se opuso a los positivismos, y en los neopragmatistas, que se oponen a los analíticos clásicos, sobre todo a los positivistas lógicos.

Unos se centraron en la ciencia como tal, sin cuidar sus aplicaciones prácticas. En cambio, los pragmatistas atendieron a la ciencia (Peirce fue físico-químico y matemático, James era médico y Dewey científico social).[8]

---

[7] H. Putnam, *Sentido, sinsentido y los sentidos*, Barcelona, Paidós, 2000, pp. 49 y ss.

[8] R. J. Bernstein, *op. cit.*, p. 178.

Pero lo hicieron para encontrarle aplicaciones. Incluso, vemos en un neopragmatista, como Rorty, que antepone la praxis a la teoría, y llega a decir que lo que interesa es la democracia, aunque tenga que morir la filosofía. Pero pienso que hay que encontrar el punto medio, y defender la democracia con la filosofía.

Esta búsqueda de mediación realizada por los pragmatistas clásicos y por los neopragmatistas me parece que muestra un espíritu analógico. Se trata de evitar los extremos, en este caso, el univocismo del positivismo y el equivocismo del existencialismo, para lograr una postura intermedia y mediadora. Es una filosofía analógica, que conecta la teoría con la práctica y que trata de reducir las dicotomías, con una suerte de dialéctica abierta.

3.2. La marcha de la filosofía

En otro libro suyo, *Perfiles filosóficos* (1986), Bernstein profundiza en su exposición e interpretación del pragmatismo. Hace estudios más detallados de algunos pensadores, sobre todo de pragmatistas clásicos. Sin embargo, me interesa aquí su reflexión sobre el curso de la filosofía en épocas recientes.

Nuestro autor habla de una crisis, ya que se iba dejando de lado la filosofía analítica, la cual se había apoderado de los Estados Unidos. La mayoría de los departamentos de filosofía en el país seguía esa tendencia. No se leía a los pragmatistas clásicos, pero de repente se empezó a tomarlos en cuenta, en la década de los sesenta, quizás por los acontecimientos que se daban. Había reinado el positivismo lógico, por influjo de autores que habían emigrado a los Estados Unidos a causa de la segunda Guerra Mundial. Así Carnap, Reichenbach, Hempel, Tarski, Feigl y otros más.[9]

Sin embargo, en esa década de los sesenta surgieron dudas de que el análisis lingüístico fuera el único modo válido de hacer filosofía. Los analíticos se habían colocado como la "filosofía seria", y en Estados Unidos se seguía el método más formal, con la lógica matemática. Inclusive se llegó a

---

[9] R. J. Bernstein, *Perfiles filosóficos*, México, Siglo XXI, 1991, p. 14.

pensar que los únicos problemas filosóficos verdaderos eran los que ellos trataban, y el único modo válido de resolverlos era el que ellos usaban. Pero se vio que sólo producían en la esfera teórica, y que no tocaban casi a la práctica.[10]

Llegó el influjo del análisis del lenguaje ordinario, de Oxford, pero poco. Eran los segundos Wittgenstein, Austin y Ryle. Sin embargo, se mantenía el análisis formal. Ejemplo de ello era Quine. Escribía bien, y además usaba métodos formales. Pero todo eso decayó, y el autor dice que la idea de Michael Dummett de que la filosofía tenía que ser analítica o no sería, cayó en desuso y se vio como anacrónica.[11]

Influyeron en ese cambio dos libros heterodoxos, que causaron escándalo a los bien pensantes. Fueron *La filosofía y el espejo de la naturaleza*, de Richard Rorty, y *Tras la virtud*, de Alasdair MacIntyre.[12] Ambos habían tenido capacitación en los métodos de la filosofía analítica, y los usaron para derivar en otras regiones, aunque siempre se les acusó de que no tenían esas habilidades argumentativas de los analíticos. Fueron filósofos analíticos respetables, antes de sacar esos libros tan provocativos.

Rorty había escrito una introducción muy célebre a su antología *El giro lingüístico*. Allí hablaba de posanalítica. MacIntyre había sobresalido en el método de las ciencias sociales y la ética. Los dos tratan, en esos libros, referidos en el párrafo anterior, temas que eran privativos de los analíticos, pero de manera distinta y con resultados diferentes. MacIntyre dice que la ética tiene que ser de virtudes, en la línea de Aristóteles.

Conforme se va desenvolviendo su dramática narrativa, se ve claramente que MacIntyre está cuestionando el carácter ahistórico de una buena parte de la filosofía moderna y analítica, e incluso los conceptos de racionalidad que han sido prominentes en la filosofía desde Descartes. Rorty trata de minar lo que denomina la "tradición

---

[10]   *Ibid.*, p. 15.

[11]   *Ibid.*, p. 18.

[12]   R. Rorty, *La filosofía y el espejo de la naturaleza*, Madrid, Cátedra, 1983, pp. 323 y ss.; A. MacIntyre, *Tras la virtud*, Barcelona, Crítica, 1987, pp. 74 y ss.

cartesiano-lockeano-kantiana", que a su entender es la tradición dominante en la filosofía moderna, y cuyo legado es la filosofía analítica contemporánea.[13]

MacIntyre se opone a los proyectos fundacionalistas, que buscan fundamentos firmes para la filosofía. (Que es lo que Bernstein llama "la ansiedad cartesiana", según la cual no poseer un fundamento firme para la realidad y el conocimiento lleva al caos. Es lo que él trata de combatir.)

MacIntyre da argumentos basados en la historia, es decir, narrativos. Y Rorty acude a lo que Michael Oakeshott llama "la conversación de la humanidad", por eso habla de una filosofía dialogal, de una conversación edificante. La razón por la que los filósofos muy profesionales han atacado duramente a estos dos autores es que pertenecieron a ellos, pelean desde dentro, y eso indica que hay contradicciones internas en la corriente analítica. En cambio, los filósofos más jóvenes, los que no han sido admitidos al "establishment analítico" ven con gusto ese escándalo o crisis, porque les abre la puerta para filosofar de otras maneras y con otros paradigmas.[14]

Pero, según Bernstein, la reacción ante Rorty y MacIntyre más interesante ha sido la de la gente que está fuera de la filosofía profesional, que encuentran que por fin se puede leer a los filósofos sin que tengan una jerga que sólo entienden sus colegas más cercanos, y que no tocan siquiera los problemas más importantes. Hubo como un aire fresco en la labor filosófica. Se da un rompimiento que permite que se oigan otras voces, otros clásicos. Hubo quienes vieron esos sesgos como una crisis fuerte de la filosofía, como si fuera a acabarse. Sin embargo, dice Bernstein:

> Y existen los que (yo me incluyo en este grupo) perciben la condición actual como un reto y una oportunidad para discriminar entre excesos retóricos y críticas penetrantes, para buscar nuevas formas de encontrarle

---

[13] R. J. Bernstein, *Perfiles filosóficos*, p. 18.

[14] *Ibid.*, p. 20.

sentido a lo que parece ser tan caótico, y lograr de ello una panorámica general.[15]

Por eso nuestro autor ha propiciado que se incluyan diversas corrientes, y no sólo la analítica o la pragmatista.

Entre esas corrientes nuevas se encontró la hermenéutica, la cual era vista con sospecha por los analíticos. No se aplicaba a las ciencias naturales, sino a las sociales, más débiles. Pero hubo pensadores que la acogieron bien. Uno de ellos fue Thomas Kuhn, quien también tomó en cuenta los estudios históricos de la ciencia.[16] Eso hizo que, junto con la hermenéutica, se diera lugar a la ontología, que en el positivismo lógico estaba prohibida. Inclusive se abrió espacio a Heidegger, del que se burlaban los positivistas lógicos y citaban frases suyas para divertirse. Pero el "punto de vista recibido", empirista, fue trascendido. Es algo en lo que también peleó el filósofo canadiense Charles Taylor, la hermenéutica para las ciencias sociales.

La ética estaba reducida a metaética, es decir, al análisis de las proposiciones éticas. Pero no se llegaba a los verdaderos problemas morales. El afrontar tales problemas se debió a filósofos "continentales", como Herbert Marcuse, Hannah Arendt y Jürgen Habermas, que influyeron sobre los estadounidenses. Y así se recogió el ideal de Dewey de una recuperación de la filosofía que sirviera al ser humano.[17]

Inclusive Habermas, al igual que Apel, tomó elementos de los pragmatistas clásicos, como Peirce, Dewey y Mead, para la construcción de su teoría crítica de la sociedad y su teoría de la acción comunicativa.[18] Lo cual indica que hay posibles conexiones entre la filosofía continental y la anglosajona.

Se empezó a hablar de Nietzsche, del "segundo" Heidegger y de Gadamer, e inclusive de Foucault y Derrida, es decir, del posestructuralismo y del deconstruccionismo. Todos esos movimientos tienen alguna conexión

---

[15] *Ibid.*, pp. 22-23.

[16] *Ibid.*, p. 25.

[17] *Ibid.*, p. 28.

[18] N. H. Esquivel Estrada, *Jürgen Habermas: acción comunicativa y ética del discurso*, México, Gedisa, 2016, pp. 68 y ss.

con el pragmatismo, que es crítico y práctico. Bernstein se coloca en esa corriente, de retorno a la filosofía que defendía Dewey. Es el abandono de los proyectos fundacionalistas. Los pragmatistas no buscaban fundamentos inconcusos del pensar, como Descartes; rechazaban las dicotomías cortantes; descreían de las críticas totalizadoras, y defendían un pluralismo filosófico acorde con lo borroso de nuestra experiencia.

> Pero no pensaban en el pluralismo como un tipo de relativismo en el que estamos aprisionados dentro de nuestros paradigmas, marcos de referencia o formas de vida autónomos. Lo que defendían era la apertura de nuestros horizontes limitados, no la clausura. Estaban muy conscientes del peligro que representa un tipo de fragmentación y de aislamiento hermético en el que únicamente rige el poder manipulativo bruto. Y hacían resaltar los modos en que a toda vida humana le dan forma las prácticas sociales —prácticas que siempre nos presentan el reto de la reconstrucción práctica.[19]

Es lo que se ve, por ejemplo, en Habermas, pero ya se encontraba en Dewey.

La aportación de Habermas es, según Bernstein, el hacer ver que hoy estamos en un pluralismo grotesco, en un relativismo desenfrenado, que puede impedir la comunicación, no solamente entre los filósofos, sino entre la gente. Y eso afecta a la sociedad. Por eso el pragmatismo impulsa a buscar una solución, que sea muy práctica, y en eso consistirá la recuperación de la filosofía, que también Dewey buscaba.

Bernstein subraya que Dewey no quería un pluralismo desbocado, porque se daba cuenta de que eso llevaba al escepticismo y, por ende, a la disolución de la sociedad. Se necesita una democracia filosófica, pero no tan extrema que acabe con ella misma.

---

[19] R. J. Bernstein, *Perfiles filosóficos*, p. 31.

Dewey estaba perfectamente consciente de que abogaba por la fe en la inteligencia —una fe que, a la vez, es precaria y requiere de una dedicación apasionada—. Es este compromiso práctico el que yo considero como el legado primordial de la tradición pragmática —tradición que aún nos puede servir para dar orientación a nuestras vidas.[20]

Así termina Bernstein su reflexión, y por eso él se incluye en esta corriente pragmatista de la filosofía estadounidense y la propone para que sea utilizada en todas partes.

Vuelve a verse, aquí, el talante analógico de la filosofía pragmatista, que trata de reunir la filosofía anglosajona con la continental, la filosofía analítica o análisis lingüístico con la hermenéutica. Y eso es algo que necesitamos hacer, incluso para buscar una síntesis nueva, una filosofía que conserve el ideal de rigor de la analítica, pero acoja el ideal de síntesis de la continental, de modo que salgamos a una filosofía nueva, más significativa para el hombre de hoy, con una perspectiva analógica, que supere el univocismo de la modernidad y el equivocismo de la posmodernidad, llegando a un relativismo moderado, en el que quepa la razón, una razón abierta, pero firme.

3.3. El legado del pragmatismo

En su libro *El giro pragmático* (2010), Bernstein añade otras aportaciones a las anteriores. Me interesa el extenso prólogo, bastante clarificador, en el que en parte las resume y en parte las amplía. Hace un bosquejo de lo que es el pragmatismo, agrega el contexto cultural en el que se dio, describe el proceso histórico del mismo, habla de su alcance global, se fija en la apropiación que de él han hecho en Alemania, y culmina contando su aventura intelectual en esta corriente.

---

[20] *Ibid.*, p. 33.

Entre los pragmatistas hay divergencias, pero también parecidos de familia. Lo que le importa a Bernstein son las semejanzas. Éstas se centran en la importancia de la acción colectiva, que determina la verdad y la objetividad del conocimiento. Como es muy sabido, el que introdujo el término "pragmatismo" fue Peirce, a través de su máxima o principio pragmatista. Recibió muchas formulaciones, pero se puede resumir en que el conocimiento está llamado a producir creencias, y éstas, acciones, incluso hábitos.[21] Dado que algunos pragmatistas, sobre todo James, parecían llevar el pragmatismo al relativismo malo, Peirce le cambió de nombre a su postura, como "pragmaticismo", nombre que, decía, era tan feo que nadie se lo iba a plagiar. Ésa fue la última etapa de este pensador, todavía muy rica, y en la que me parece que logra el equilibrio entre muchas cosas, como entre semiótica y lógica, epistemología y ontología, teoría y praxis, etcétera. De todos modos, siempre siguió sosteniendo que el pensamiento debía producir acción.

En cuanto al contexto cultural, Bernstein señala la recepción del hegelianismo en Estados Unidos, que poco a poco fue dejando lugar al pragmatismo, pero también dejó influencias. Peirce tomó la idea de las tríadas; James reaccionó contra esa corriente; Dewey comenzó en ella, pero fue derivando a las tesis pragmáticas; a Mead le ocurrió algo parecido.[22]

El decurso histórico del pragmatismo tuvo su origen explícito en Peirce, que acuñó el nombre del movimiento y sentó sus tesis principales. Bernstein hace ver cómo surgió de una oposición al cartesianismo.[23] No cabe la duda universal, ni siquiera metódica, sino dudas concretas; no hay introspección ni intuición abstractiva, sino procesos inferenciales por los que conocemos. En la epistemología se opone a Kant y niega que haya cosa en sí o noúmeno, como distinto del fenómeno; y él tiene su fenomenología, que llama faneroscopía. De Hegel dice que coincide con él, incluso en el idealismo absoluto. En semiótica y lógica se basa en los escolásticos, sobre todo nominalistas

---

[21] R. J. Bernstein, *El giro pragmático*, Barcelona, Anthropos-México, UAM-Iztapalapa, 2013, p. 3.

[22] *Ibid.*, pp. 5-12.

[23] *Ibid.*, pp. 12 y ss.

(Ockham), aunque en metafísica se opone al nominalismo y se adhiere al realismo de Duns Escoto.

Tiene, pues, una ontología realista: la realidad existe independientemente de nosotros; pero también una epistemología intersubjetiva, ya que el conocimiento se construye en grupo, en la comunidad de investigadores. Es un diálogo abierto, y el conocimiento siempre es corregible (falibilismo). No pierde, con todo, su objetivismo, aunque permite la intervención de las subjetividades, pero en cierta medida y con límites. La misma comunidad epistémica pone controles.

James fue más abierto a la intervención de las subjetividades. Como psicólogo que era, señaló la intervención de los temperamentos en el conocimiento. De modo que tesis que para algunos son muy claras, para otros son oscuras y cuestionables. Y se debe a los intereses y preferencias filosóficas. Sin embargo, no cayó en un relativismo extremo. Dewey se vio más atento a la sociedad, y aportó sobre todo en pedagogía y en filosofía política. Defendió una democracia muy fuerte. Sostuvo un pluralismo también fuerte, pero tampoco incurrió en un relativismo excesivo. Y Mead influyó sobre pensadores ingleses que comenzaron con la filosofía analítica, como Russell.

Después han seguido muchos filósofos estadounidenses, como Sellars, Quine, Davidson, Rorty, Putnam y otros.[24] Todos ellos recogen preocupaciones de los pragmatistas clásicos, y las han desarrollado con métodos analíticos. Sellars conjunta la historia de la filosofía con la lógica; Quine, lo analítico con lo sintético, en una semántica holística; Davidson, la verificación con la interpretación; Rorty, la deconstrucción con la objetividad; Putnam, el realismo con el pluralismo, en un realismo pragmático.

Hay otros nuevos pragmatistas, como Robert Brandom, que es más objetivista y realista que Bernstein, pero con el que también tiene coincidencias. Brandom ve pragmatismo en Wittgenstein y en Heidegger, pero Bernstein dice que hay que tener cuidado.[25] Sin embargo, está de acuerdo en que esos autores se asemejan a Peirce en el rechazo de un racionalismo demasiado

---

[24]   *Ibid.*, pp. 12-17.

[25]   *Ibid.*, p. 18.

pretencioso. Hay otros nuevos pragmatistas que acogen al segundo Wittgenstein y al segundo Heidegger, así como a Gadamer, e incluso a los posmodernos. El énfasis que comparten entre todos es la insistencia en la práctica y en la deflación de la razón.

Bernstein habla también de una apropiación alemana del pragmatismo. Es bastante sabido que Apel tradujo a Peirce al alemán e hizo estudios muy significativos sobre él, pero lo principal es que lo tomó en cuenta en su filosofía.[26] Habermas, alumno de Apel, también toma varias cosas del pragmatismo para su teoría de la comunicación y su ética del discurso. Es muy consciente de que todo eso se tiene que aplicar en la práctica, y ha sostenido, en consecuencia, la intersubjetividad en el conocimiento. Hans Joas ha tomado en cuenta a Mead, para su labor más bien sociológica. Ha traducido a Mead al alemán y ha hecho estudios sobre ese autor. Y Axel Honneth también usa el pragmatismo, sobre todo el de Dewey.

> Dewey, argumenta Honneth, provee los recursos para desarrollar una teoría de la democracia radical basada en la cooperación social, que es superior a las teorías contemporáneas que oscilan entre los entendimientos republicanos y procedimentales de la democracia… Y recientemente, en su reactivación del concepto de reificación, Honneth se basa en Dewey para sostener su tesis de que el pensamiento objetivo está enraizado en, y surge de, el "pensamiento cualitativo" no reflexivo.[27]

De este modo se puede seguir y ver que el pragmatismo está presente en casi todo el mundo.

Bernstein relata, asimismo, su propia experiencia en el pragmatismo.[28] Se inició en él desde muy pronto. Hizo una tesis intitulada "La metafísica de la experiencia en John Dewey", guiado por su maestro John E. Smith en Yale. Después trabajó con Paul Weiss, uno de los editores de Peirce. Sellars

---

[26] K.-O. Apel, *El camino del pensamiento de Charles S. Peirce*, Madrid, Visor, 1997, pp. 21 y ss.

[27] R. J. Bernstein, *El giro pragmático*, p. 27.

[28] *Ibid.*, pp. 28-34.

estuvo en Yale, y le enseñó a usar los métodos de la filosofía analítica, en las décadas de los cincuenta y sesenta. Por eso distinguió entre la auténtica filosofía analítica, que obtenía buenos resultados, y la "ideología analítica", que presumía de ser la filosofía seria y quitaba espacio a las demás corrientes. Sellars también le enseñó a detectar "el mito de lo dado", ya que lo más empírico puede ser cuestionado.

En los setenta conoció a Habermas y a Hannah Arendt, y aprendió a no rechazar a los continentales, a pesar de las diferencias, como a Hegel. Y gracias a Rorty, quien siempre fue su amigo, desde jóvenes, llegó a tomar en cuenta a Nietzsche, Heidegger, Wittgenstein, Gadamer e incluso a posmodernos como Foucault, Derrida, Lyotard, Deleuze y otros. Concluye:

> Creo firmemente que mi pensamiento original sobre la significación y la relevancia de estos temas pragmáticos ha sido dramáticamente confirmado. Los filósofos se han "puesto al corriente" con el pragmatismo. Hoy hay mucha más discusión, vigorosa, extensa e iluminante, sobre los multifacéticos aspectos del pragmatismo que en ninguna época desde sus orígenes. La persistencia y vitalidad del pragmatismo están enfáticamente manifiestas.[29]

Esta corriente está, pues, extendida en el espacio y el tiempo, ya que abarca muchas partes en las que se cultiva, y se hace mucho hoy en día.

3.4. Reflexión: encuentro con el concepto de analogía

Y, como hemos visto, el pragmatismo tiene aspectos muy analógicos, puede considerarse en el fondo como una filosofía analógica. Busca la intermediación entre los extremos, privilegia las diferencias sin perder las semejanzas; y reduce las dicotomías, sobre todo entre teoría y praxis.

---

[29] *Ibid.*, p. 34.

La filosofía pragmatista, especialmente la de Peirce, es buena aliada de una filosofía analógica. Este autor está en la línea de la analogía. Sobre todo, con su idea del signo icónico, el cual es el intermedio entre el índice, que es unívoco, y el símbolo, que él considera equívoco. Es la búsqueda de la mediación, porque la filosofía se ha colocado en esos polos opuestos, y por eso su historia reciente se parece a la de una persona bipolar. Se mece entre los extremos, y de esta manera no encuentra salida del *impasse*. Una postura media y mediadora podría conseguírsela.

El pragmatismo de Peirce no tiene el relativismo extremo que caracteriza al de Rorty, según lo ha señalado sagazmente Susan Haack, a quien conocí en un coloquio sobre Peirce en la Universidad Veracruzana, en Xalapa, y con la que pude dialogar sobre ese exceso equivocista de ese autor. En cambio, esa filósofa conserva el pragmatismo de Peirce, y lo pone a trabajar para abrir las mentes, pero con seriedad. Tal es el empeño de una filosofía analógica.

En el pragmatismo se ha dado el peligro univocista en John Dewey, con su afán de empirismo, verdadero positivismo; y el peligro equivocista se ha dado en William James, que tuvo una epistemología muy blanda. Pero el pragmatismo de Peirce es analogista, con un excelente equilibrio entre la lógica y la metafísica, a través de su semiótica. Él combatió al positivismo, con sus excesos empiristas, al igual que al racionalismo cartesiano, con su demasía en el fundamentalismo epistemológico, es decir, en la exigencia de fundamentos para el conocimiento.

Conclusión

Tanto la descripción del pragmatismo como el relato de sus avatares hecho por Bernstein me da la convicción de que se trata de una filosofía analógica, ya que tiene ideales de equilibrio proporcional entre las corrientes filosóficas y entre los polos de las discusiones más célebres y necesarias. Sus exponentes tuvieron esa especie de *phrónesis* o gusto por el punto medio en todas las ramas de la filosofía. Es, por eso, un pensamiento que me interesa y me ayuda, sobre todo para desarrollar una filosofía analógica, que evite el racionalismo moderno, al que Peirce atacó en Descartes y Kant, así como el relativismo extremo posmoderno, ya que los pragmatistas buscan, en especial, evitar caer en el relativismo que llaman "malo" y que es el extremista, del que no se puede salir coherentemente.

Capítulo 4

El conflicto de las epistemologías

Introducción

Afrontaremos aquí la delicada pugna de teorías del conocimiento. El saber es algo que nos compete y nos preocupa arduamente. Por eso es necesario entrar en el problema. No se ha visto una solución completamente aceptable, pero podemos encontrar algo que nos satisfaga y nos aquiete, esto es, el darnos cuenta de que podemos conocer, aunque sea con limitaciones. Eso nos da espacio para proseguir incesantemente nuestra investigación filosófica y el diálogo con los demás que se incorporan a ella y en ella nos acompañan.

4.1. Epistemología pragmatista

Richard J. Bernstein llama la atención hacia las intuiciones y el temperamento, que condicionan nuestro conocimiento, y no lo queremos admitir. Creemos que pensamos sólo con la razón, pero en nuestro filosofar se entremezclan también nuestras intuiciones y nuestro temperamento. Con eso preferimos o privilegiamos ciertas tesis, y no estamos dispuestos a cambiarlas, o nos cuesta mucho hacerlo.[1]

---

[1]   R. J. Bernstein, *El giro pragmático*, Barcelona, Anthropos-México, UAM-Iztapalapa, 2013, p. 116.

Esto lo ha señalado James, que era buen psicólogo, y también Rorty, aunque para algunos este último nos lleva a un relativismo malo. En cambio, Rorty dice que lo único que desea es debilitar la verdad como correspondencia, y acusa a Brandom por creer en verdades más fuertes. Bernstein fue amigo de Rorty desde que eran jóvenes, y se nota que lo defiende a capa y espada.

Pasa Bernstein a la teoría de la verdad como correspondencia. De manera parecida a su amigo Rorty, dice que hay un sentido muy simple y primitivo en el que la verdad correspondentista funciona, como cuando estoy en mi casa con otra persona y yo digo que está lloviendo, mientras que la otra dice que no, y lo que tenemos que hacer es asomarnos para ver quién acertó. Pero añade que si se complica la situación, entonces la verdad correspondentista ya no es tan clara.

> La "correspondencia" o el "acuerdo" funcionan en tales instancias evidentes, no controversiales, pero las cosas se ponen mucho más confusas y turbias cuando nos las estamos viendo con casos más complicados de aserciones filosóficas, científicas, matemáticas o históricas. Aquí no podemos simplemente ver y mirar; más bien, se nos pide dar razones para soportar pretensiones acerca de lo que es objetivamente verdad. El mismo significado y criterio para determinar lo que corresponde y no corresponde a la realidad objetiva no están para nada claros.[2]

Los pragmatistas interponen prácticas justificativas intersubjetivas, que nos hacen ver que no es tan clara la correspondencia. Y menos si añadimos las intuiciones y los temperamentos de los filósofos mismos.

Hay algunos pragmatistas que mantienen una teoría de la verdad más firme que la de Rorty. Por ejemplo, Putnam dice que Rorty lleva a un relativismo malo.[3] Y, como hemos visto, Rorty acusa a Brandom de tener una verdad de tipo correspondentista. Hay miedo a ese relativismo galopante.

---

[2]   *Ibid.*, p. 118.

[3]   *Ibid.*, p. 120.

Sin embargo, la mayoría de los pragmatistas –incluyendo a los pragmatistas clásicos Peirce, James, Dewey y Mead, así como a contemporáneos tales como Hilary Putnam, Cheryl J. Misak, Jeffrey Stout, Bjorn Ramberg, Robert Brandom y el "pragmatista kantiano" Jürgen Habermas– piensan que es posible dar una explicación pragmática de la objetividad que *a*) relaciona la objetividad con nuestras prácticas sociales de justificación; *b*) no identifica la justificación con la verdad, y *c*) esquiva las aporías contraproducentes del mal relativismo y convencionalismo.[4]

Es decir, no se cae en un relativismo extremo, en un perspectivismo diluyente, sino en un pluralismo que da cabida a las opiniones, pero con límites aportados por la comunidad de investigadores.

Peirce fue muy claro en su definición de la verdad, casi correspondentista:

La opinión destinada a ser aquella con la que todos los que investigan estarán de acuerdo finalmente es lo que entendemos por verdad, y el objeto representado en esta opinión es lo real. Así explicaría yo la realidad.[5]

Claro está que, según se ve, interpone el asentimiento de los investigadores, lo cual es una práctica social; pero la opinión que aceptan se refiere a la realidad. Hay realismo ontológico y en epistemología una mezcla de intersubjetividad y correspondencia, ya que el control intersubjetivo es para asegurar que la opinión verdadera corresponda a la realidad.

En la línea del realismo de Peirce, Cheryl Misak establece que es verdadera la opinión que pueda resistir a la duda. Albrecht Wellmer recoge la idea peirceana de que la verdad tiene que ser pública, es decir, justificada por los investigadores; y, para hacer que no coincidan la justificación de la

---

[4] *Ibid.*, p. 121.

[5] Ch. S. Peirce, "Cómo esclarecer nuestras ideas", en *Obra filosófica reunida*, México, FCE, 2012, t. I, p. 186.

asertabilidad con la verdad y separarlas, dice que depende de las buenas razones que se ofrezcan. Sin embargo, queda el problema de cuáles son las buenas razones, y quién decide que lo sean. Por eso, Robert Brandom se esfuerza por evitar el relativismo y el convencionalismo, y su aportación consiste en añadir aspectos deónticos, como deberes y derechos entre los dialogantes. En lugar de intersubjetividad, busca transubjetividad. Propone la primacía explicativa de la pragmática, ya que la semiosis es cuestión práctica, de saber *cómo*, más que de saber *qué*.[6]

Para ello, Brandom habla de una perspectiva que sería una transperspectiva, que iría más allá de las pretensiones de todas las perspectivas individuales. Se da más por la estructura que por el contenido. Dice que no es una metaperspectiva (tal vez podríamos llamarla diaperspectiva), pues se logra en el diálogo. Rorty achaca a Brandom que eso es una ilusión. Pero Bernstein nos aconseja no asustarnos de que es difícil alcanzar esa transperspectiva, y propone:

> Si James está en lo correcto (como pienso que lo está), no es realista y es indeseable pensar que escaparemos en algún momento de alguna forma del conflicto de las intuiciones y los temperamentos. Este conflicto pluralista activa la especulación filosófica y le da vida al debate filosófico. Algunas veces sólo sentimos las hondas y las flechas de aquellos que se nos oponen, mismas que nos conducen a una articulación más sutil de una orientación. Éste es el modo en el cual, pienso, es mejor ver el desarrollo del pragmatismo de Peirce a Brandom y Habermas. Y como cualquier buen pragmatista sabe, nadie tiene la última palabra.[7]

Según se ve, hay un realismo ontológico, pero un pluralismo epistemológico, el cual, por más que lo parezca, no llega a un relativismo malo.

---

[6]   R. J. Bernstein, *op. cit.*, p. 131.

[7]   *Ibid.*, p. 136.

Lo más importante del pragmatismo, y esto se ve en su epistemología, es la atención que le da a la acción humana, y a ésta en comunidad. Por eso pone de relieve el que el conocimiento no es mera teoría, sino que tiene que plasmarse en la práctica, allí es donde se ven su verdad y su rendimiento. Además, se trata de un conocimiento comunitario, ya que la investigación se ejerce en grupo; no se reduce a un monólogo solipsista cartesiano, sino que es un diálogo en un grupo de conocimiento, en una comunidad epistémica. De ahí que se hable de la verdad como el consenso de todos los investigadores; pero, como ésa es una situación ideal, sólo se puede aspirar a un conocimiento parcial, pero suficiente para moverse en el mundo social. Es siempre revisable y corregible, por eso el falibilismo, según el cual, podemos fallar, y eso implica un conocimiento provisional, que nunca tiene la última palabra. Y eso impulsa la investigación, y nos deja margen para un diálogo fructífero dentro de un pluralismo filosófico.

Asimismo, nos permite tomar en cuenta la parte emocional junto con la intelectual, pues sabemos que muchas de nuestras tesis serán producidas por nuestras intuiciones y nuestros temperamentos. Lo cual nos deja pensar que, en el conflicto de las teorías, podemos buscar no tanto el destruir las que no nos convencen como el esforzarnos por aprovechar lo que tengan de aprovechable. Así el diálogo filosófico no será un pseudodiálogo, un diálogo de sordos o un monólogo compartido, sino una conversación edificante, que llegue a acuerdos interesantes y fecundos para seguir la investigación filosófica.

Y esto es sumamente analógico, es decir, no pretende la univocidad de los realistas ingenuos, ni tampoco se derrumba en la equivocidad de los relativistas extremos, sino que se coloca en un punto intermedio, el de la *phrónesis* (o prudencia), el del equilibrio proporcional, el de la analogía. Precisamente, es la analogía, esto es, una actitud analógica, la que permite esa apertura con seriedad que pide el pragmatismo; ese pluralismo que no se hunde en un relativismo malo y sin fondo, sino en un perspectivismo enriquecedor. Nos lleva a una epistemología analógica.

4.2. Epistemología realista

Lo que hemos visto como sensibilidad analógica en el pragmatismo podemos encontrarlo en la teoría del conocimiento de Josef de Vries. Es más, está obligado a ello, porque desde sus fundamentos ha promovido la actitud analógica a la que he aludido. Es la de un diálogo radical, en busca de un enriquecimiento continuo con las corrientes filosóficas de hoy en día.

De Vries ha cultivado la epistemología, a pesar de que algunos han dicho que la crítica del conocimiento no es compatible con el realismo; con todo, hay vertientes dentro de esta corriente que la han practicado (como realismo crítico). La crítica es la investigación que versa sobre la posibilidad y el alcance del conocimiento humano verdadero y cierto.[8]

Su finalidad es doble: *1)* apologética: es una práctica defensiva, contra los que ponen en duda el valor del conocimiento; *2)* especulativa: es conocimiento filosófico del conocimiento mismo.[9]

Estudia los límites y fundamentos de la certeza natural. Defiende contra los que la cuestionan y nos explica nuestro conocimiento.[10] No trata sólo los contenidos del conocimiento entre sí (lógica), sino también las relaciones de éstos con sus objetos.[11]

Su objeto formal es la verdad del conocimiento (en su índole metafísica.) Su objeto material principal no es el raciocinio (ése es de la lógica), sino el juicio, porque es el acto de la mente en el que se contiene la verdad.[12]

El método de la crítica no es puramente psicológico, ni puramente lógico, sino que consiste en ver si el *enunciable* o contenido del juicio se refiere al ser real que es su objeto.[13] No puede ser una demostración mediata, pues se iría al infinito; tiene que ser inmediata, por la inspección de esa relación del *verbum* con la cosa.

---

[8]   J. de Vries, *Crítica*, Barcelona, Herder, 1964, p. 4.

[9]   *Ibid.*, pp. 4-5.

[10]   *Ibid.*, p. 5.

[11]   *Ibid.*, p. 9.

[12]   *Ibid.*, pp. 9-10.

[13]   *Ibid.*, pp. 10-11.

El inicio correcto de la crítica no es el escepticismo metódico, porque es impracticable. Ni el dogmatismo exagerado, porque niega la crítica (incluido el realismo metódico, que se reduce a éste). Sino el realismo crítico e inmediato.

> Al comenzar la crítica no debemos abandonar ninguna convicción de la que tenemos razonable certeza natural. Pero, por otra parte, tampoco debemos suponer ninguna verdad como fundamento de la investigación filosófica a causa de la sola certeza natural. Sino que en la filosofía, para fundamentarla críticamente, debemos abstraer por lo pronto de dicha certeza, hasta que, por la reflexión, se descubran, clara y explícitamente, las razones en las que se apoya, de modo que ya se tenga la certeza filosófica (refleja).[14]

De manera parecida a Ch. S. Peirce, se rechaza la duda universal, aun sea metódica, y se avanza por dudas particulares, que tenemos que deshacer basándonos en hechos, ideas y principios que ya poseemos; es la condición *reflexiva* de la filosofía misma.

Es decir, prescinde de esas verdades, mientras descubre explícita y claramente, mediante su investigación, los motivos en los que se fundan, y obtiene de este modo la certeza refleja o científica.[15]

Se prueba el realismo crítico, porque para iniciar la investigación crítica hay que prescindir de toda certeza, pues no se niega que pueda haber certezas, sino que de hecho se duda de las principales, sin llegar a la duda universal. No se busca la certeza, que se da por supuesta, sino que se buscan sus fundamentos. Se legitima de manera refleja la certeza poseída.[16]

---

[14] *Ibid.*, p. 13.

[15] E. Bautista L., *Los fundamentos del conocimiento humano*, México, Universidad Pontificia de México, 2000, p. 16.

[16] *Ibid.*, pp. 14-15.

La certeza se acepta de modo directo, aunque se buscará fundarla de manera refleja. Es decir, se le acepta en el orden ontológico, y se busca en el orden lógico.[17]

Éste es el punto de partida: "La investigación crítica general se inicia propiamente por los juicios de la conciencia".[18] Hay que partir "sin supuestos", y los juicios mediatos los tienen (requieren demostración por unas premisas, y éstas por otras, y así hasta el infinito: el problema del dialelo,[19] que desemboca en el escepticismo); en cambio, los inmediatos piden el fundamento de su verdad, y es lo que tenemos que buscar.

La investigación crítica general tiene que comenzar, pues, por los juicios inmediatos de la conciencia. No por los juicios de hechos externos, ni por los del sujeto, sino los más fundamentales. Esto no se opone a lo que dice el realismo aristotélico-tomista, de que lo primero que se conoce es la quididad de la cosa material, pues no se trata de lo primero cronológicamente, sino de lo primero fundamentalmente.[20]

De Vries es tomista, y el juicio inmediato es definido por santo Tomás como "la operación del entendimiento por la cual compone y divide, afirmando o negando".[21] Algunos, como Mercier, Maritain y Garrigou-Lagrange, dicen que la base del conocimiento es el principio de identidad o de no contradicción, pero De Vries dice que son los juicios inmediatos de la conciencia.[22]

Es que esos juicios de la conciencia los tenemos de manera más inmediata, y no hay que probarlos por demostración, sino por reflexión acerca de los motivos de su certeza. Es lo que Tomás llama *conformitas intellectus ad rem*. Y él mismo dice que se busca por reflexión.[23] El entendimiento conoce la verdad reflexionando sobre su acto judicativo; porque no lo ve

---

[17] *Ibid.*, p. 15.

[18] *Ibid.*, p. 16.

[19] *Ibid.*, p. 24.

[20] J. de Vries, *op. cit.*, pp. 18-19.

[21] Sto. Tomás, *De veritate*, q. 14, a. 1.

[22] E. Bautista L., *op. cit.*, 28-29.

[23] Sto. Tomás, *De ver.*, q. 1, a. 9.

como una modificación subjetiva, sino como expresión de un hecho, cuya adecuación examina; así ve que su naturaleza es adecuarse a las cosas que expresa o representa.[24]

El testimonio de la conciencia nos certifica el ser real de sus actos y el ser real del yo como sujeto de éstos. Pero no como deducido, sino como intuido (en contra de Roland-Gosselin, quien decía que intuimos los actos y de ellos deducimos el yo).[25] Para De Vries el yo también se intuye. Pero no como substancia, sino como sujeto de los actos. Es pasar de lo implícito a lo explícito.[26]

También se conoce, por el testimonio de la conciencia, el yo como causa eficiente de sus actos. Siempre me percibo en actividad, y además como sujeto de la misma.[27] Incluso, en cuanto al problema de los universales, De Vries adopta la solución realista moderada de Aristóteles y santo Tomás.[28]

En su explicación y prueba del conocimiento intelectual, se destaca el uso de un *dictum* escolástico: *intelligibile in sensibili*, que se parece mucho a la "inteligencia sentiente" de Zubiri. En efecto, según De Vries, "la quididad inteligible no se piensa sólo en el concepto abstracto, sino también en la imagen [o fantasma] sensible (iluminada por el entendimiento agente)".[29] Es la continuidad o dependencia del intelecto respecto de los sentidos y de éstos respecto de la cosa. Es lo que Zubiri expresa como poner en acto en el intelecto lo que está ya en los sentidos.

Solamente me parece que hay que añadir a la epistemología realista, como la que enseña De Vries, el acudir a la praxis social, ya que en la comunidad de investigadores es donde se encuentra lo que podemos alcanzar de la verdad y de la realidad, como hemos visto en la cita de Peirce que hemos aducido más arriba. Es lo que nos enseña el pragmatismo de todos los tiempos.

---

[24] J. de Vries, *op. cit.*, p. 22.

[25] E. Bautista L., *op. cit.*, p. 38.

[26] J. de Vries, *op. cit.*, pp. 27-29.

[27] *Ibid.*, pp. 29-31.

[28] *Ibid.*, pp. 31-46.

[29] *Ibid.*, p. 39.

4.3. Conocimiento y acción, teoría y praxis

Desde su pragmatismo, Bernstein ha atendido a Sören Kierkegaard como alguien que tomó en cuenta la praxis o acción humana para constatar los conocimientos. Pero lo ve como centrado en la acción del individuo, no en la social. Ciertamente es necesaria la acción individual, pero no es suficiente; falta añadirle ese aspecto colectivo que es el que se da en la investigación pragmatista.[30]

Kierkegaard es conocido como opuesto a la pretensión absolutista de Hegel, ya que criticó el afán de sistema. Asimismo, en lugar de hablar del paso de la historia, habló del instante, ese pedazo del tiempo en el que se juega el destino del hombre, por las decisiones que tiene que tomar. Es que le preocupaba más la elección que podemos hacer en un pequeñísimo momento y que repercutirá para toda la eternidad. Eso conducía a la praxis, pero era la acción humana individual, personal, por lo que le hacía falta pasar a la colectiva, a la social.

Es preciso añadir la perspectiva grupal, ya que en ella se da el diálogo entre los investigadores, y puede ser fructífero, a condición de que se tenga un espíritu abierto, plural, en la línea de la humildad que pedía el mismo Kierkegaard para el hombre sincero y honesto. Es lo que después pedirá Heidegger para el ser humano auténtico. Esa autenticidad es necesaria, pero a Heidegger le faltó más sentido de la comunidad, más perspectiva social; por eso su discípulo Karl Löwith desarrolló el "estar con" del ser humano, que su maestro solamente había dejado apuntado.

Si el existencialismo insistió en lo individual, en cambio, el marxismo recalcó lo social. Marx privilegió la praxis, la acción humana; pero, según Bernstein, le faltó atender más a la conducta de la persona.[31] Y se encuentra esa complementación en Sartre, el cual retomó de Kierkegaard el cuidado de lo personal, y de Marx la proyección social, ya que, además de ser

---

30 R. J. Bernstein, *Praxis y acción*, Madrid, Alianza, 1979, pp. 96 y ss.

31 *Ibid.*, pp. 25 y ss.

existencialista, militó en el marxismo, hasta que rompió con el Partido Comunista Francés, por sus excesos de dogmatismo.

Hay que conjuntar los dos lados de la acción, la del individuo y la del grupo, ya que el conocimiento necesita probarse en la experiencia, la teoría en la praxis, pero de manera colectiva. Es lo que ha aportado el pragmatismo, ya desde sus clásicos, como Peirce, James, Dewey y Mead, hasta los más recientes, como es el caso del propio Bernstein.

El pragmatismo acepta un realismo, y una verdad en la que hay lugar para su modalidad de correspondencia de lo pensado con lo real, pero dentro de un ámbito de comunidad epistémica, que acepta la intersubjetividad, no el relativismo ni la verdad por convención, a la que ya se opusiera Quine, en un célebre ensayo.[32] Y es que no puede bastar el ponerse de acuerdo para que algo sea verdad, pues hubo acuerdo en cosas falsas, como el que la tierra era plana, o cuadrada, o que debía haber esclavos, etcétera.

Apel y Habermas añaden al consenso un *a priori* kantiano, según el cual de la intersubjetividad pasamos a la objetividad. Pero Bernstein añade al consenso unos límites que proporciona la realidad misma. En la línea de Peirce, habla de algo que detiene la duda. Putnam lo ve en las clases naturales, que acepta de Quine, en contra de Nelson Goodman, y que no pueden depender completamente de nuestros marcos conceptuales, ya que entonces no habría nada natural, sino que todo sería conocimiento artificial, arbitrado, o construido.[33] Un construccionismo que llevaría a ese relativismo indeseable que Bernstein califica como malo por ser imparable.

Pero el relativismo se puede parar, y la manera de hacerlo es con los límites de la realidad misma, dada en la experiencia y la praxis. La realidad se da en perspectivas, pero hay una perspectiva de las perspectivas, por lo que Robert Brandom hablaba de que el realismo y la verdad dependen más de la forma que de la materia, de la estructura más que del contenido. De esa manera se evitará el escepticismo.

---

[32] W. V. O. Quine, "Truth by Convention", en H. Feigl y W. Sellars (eds.), *Readings in Philosophical Analysis*, Nueva York, Appleton-Century-Crofts, 1949, pp. 250 y ss.

[33] H. Putnam, *Cómo renovar la filosofía*, Madrid, Cátedra, 1994, p. 169.

4.4. Acerca de escepticismos

Que la epistemología (como toda la filosofía) tiene que ver con el temperamento, según dice James, e incluso con el inconsciente, lo vemos en unos pasajes del escéptico Montaigne, en el más extenso de sus *Ensayos*, que es casi un libro, *Apología de Raimundo Sabunde*. Lo compiló junto con los demás ensayos, a pesar de que podría ser un libro aparte, como suele publicarse ahora. Raimundo Sabunde fue un sabio médico-filósofo, del que se discute si fue catalán o francés.[34]

Sabunde escribió un libro con el título de *Liber creaturarum seu de homine*, en el que, en talante humanista renacentista, alaba la dignidad del ser humano. En cambio, Montaigne, en su apología a este pensador, más bien se encarga de mostrar las limitaciones del hombre, en comparación con los demás animales. Ellos están más protegidos, tienen más fuerza, velocidad, etcétera. Incluso en esa obra de Montaigne se ve claramente su temperamento escéptico, pues dedica buen espacio a los filósofos que lo fueron.

Montaigne conoce bastante de la historia de la filosofía, sobre todo a través de Cicerón y de otros escritores latinos. Cita muchas de sus opiniones, anécdotas y frases. Pero muestra un desencanto de todas las sectas. Por eso alaba a Cicerón, que no se decidió por ninguna en especial, y que prefirió ser ecléctico, si no es que escéptico también, pues dice que "lo hizo sin inclinarse a ninguna solución, siguiendo la que le parecía probable, propendiendo ya a una doctrina, ya a otra, y manteniéndose constantemente en duda de la Academia".[35] Fue, pues, ecléctico y, más bien, escéptico académico, o de la duda, como Descartes.

En cambio, Montaigne prefería a los seguidores de Pirrón de Elis, los escépticos pirrónicos, a quienes él llamaba "pirronianos", al igual que Pascal, quien seguramente los conoció por Montainge, ya que lo cita mucho al respecto del escepticismo. Se ve que prefiere a los pirrónicos porque

---

[34] M. Menéndez Pelayo defiende el que fue español, *Antología general de Menéndez Pelayo*, t. 1, Madrid, BAC, 1956, pp. 355-357.

[35] M. de Montaigne, *Apología de Raimundo Sabunde*, Madrid, Sarpe, 1984, p. 97.

sostienen la suspensión del juicio y no se inquietan por saber la verdad.[36] Montaigne era melancólico, esto es, depresivo, sobre todo después de la muerte de su querido amigo Étienne de la Boétie. Eso lo inclinó a la sospecha de que ninguna escuela filosófica tenía la verdad ni la solución a los males de la humanidad, sobre todo la del sufrimiento. Por eso critica a los dogmáticos, especialmente a los estoicos, y subraya que ellos aconsejaban el suicidio cuando los males eran insoportables.[37]

Para evitar ese extremo, una filosofía analógica atiende a lo emocional, y no sólo a lo intelectual. Muchos han querido hacerlo, tanto en la filosofía española (Unamuno, Ortega, Zubiri, Zambrano) como en la mexicana (Vasconcelos, Caso, Ramos), y entre los pragmatistas lo hizo, en especial, William James. Esta atención a los sentimientos y emociones es necesaria, pues no somos espíritus puros, y la parte emocional influye en nuestro conocimiento.

Esa atención a lo emocional se ve muy claramente en Unamuno, quien se basaba en James, con el que sentía cercanía, además de usar a Kierkegaard.[38] Pero, aun cuando reconozcamos la injerencia de lo emocional, incluso de lo inconsciente, hemos de apegarnos a la inteligencia, pues somos animales racionales; es decir, tenemos nuestra parte animal, de instintos y pulsiones, pero somos razonables, y eso marca la diferencia.

Una filosofía analógica trata de conjuntar los conceptos y los afectos. En un equilibrio frágil, pero suficiente. Y es mejor reconocer que no somos inteligencias puras, sino que dependemos de nuestro carácter, ya que si lo ignoramos pagaremos el precio, con las desilusiones y peleas debidas a la necedad y la terquedad.

Vivimos en el conflicto, y eso se refleja en nuestra vida intelectual, en nuestra filosofía. Pero podemos llegar a apaciguarlo, incluso a habitar en el margen, a estar en la tensión. Incluso a vivir de ella. Y eso es la analogía, el conocimiento

---

[36]   *Ibid.*, pp. 98 y ss.

[37]   *Ibid.*, p. 91.

[38]   M. de Unamuno, *Del sentimiento trágico de la vida en los hombres y en los pueblos*, 13a. ed., México, Espasa-Calpe, 1976, pp. 12, 67 y ss.

analógico, de una filosofía analógica también. Además, es lo que nos toca, como seres humanos.

No una filosofía unívoca, pretenciosa y soberbia, pero tampoco una filosofía equívoca, abatida y derrotada; sino que, después de la humillación que nos traen todas las crisis, una filosofía analógica, la cual nos reconcilie con nosotros mismos, y nos dé un conocimiento de la vida suficiente, para que podamos disfrutarla.

Conclusión

De manera curiosa, pero muy significativa, nuestras teorías del conocimiento no acaban de convencernos de que hemos llegado a conocer el conocer. Sin embargo, de todos modos, las teorías epistemológicas nos ayudan en nuestra praxis. Quizá lo más pertinente sea atender a la vida; que las teorías se prueben en la práctica, señalando así lo más que puedan alcanzar, dentro de sus límites. El conocimiento y la acción se acompañan, y con eso nos resulta suficiente, o, por lo menos, con eso debe bastarnos.

CAPÍTULO 5

La antropología filosófica como la marcha de las representaciones que el hombre hace de sí mismo

Introducción

En estas líneas abordaré algunos rasgos del pensamiento de Jacinto Choza, quien propone un replanteamiento de la metafísica, pero no su eliminación. Replantearla superando el modelo onto-teo-lógico, según la acusación que lanzó Heidegger contra esta disciplina filosófica tan importante, y que él canceló por motivo de esa mácula. Veremos que Choza lo hace al trasluz de la antropología filosófica, ya que, al reflexionar sobre el hombre, se da cuenta de que éste necesita la metafísica, pero en un registro diferente del usual, más en la línea del símbolo y de la metáfora, es decir, en el de la analogía.

5.1. Historia del representar al hombre

Jacinto Choza Armenta, especialista en antropología filosófica, nos ha entregado un libro sobre ese tema, articulado a través de las representaciones del ser humano, una auténtica hermenéutica del sí mismo.[1] Le interesa el concepto de representación, pues el hombre la ha ejercido, al parecer, desde siempre. Y tiene una tesis muy clarividente. Del paleolítico (en el que predominaban la mímesis ritual y el amuleto), se pasó al neolítico (por obra de un

---

[1]   J. Choza, *Antropología filosófica. Las representaciones del sí mismo*, Madrid, Biblioteca Nueva, 2002.

nuevo modo de producción y por la escritura), hasta la modernidad, pues la llamada posmodernidad es una vuelta al paleolítico. Lo llama nuevo paleolítico (con otras mímesis rituales y un subido anti-logo-centrismo). También me parece notable el hecho de que Choza distingue los modos de pensamiento que se erigen tomando como referente el espacio o el tiempo, pues dan resultados muy distintos. Si se basa en el tiempo, predomina la interioridad, el sujeto; si lo hace en el espacio, éste arroja a la exterioridad, a la realidad, al espacio exterior.

Comienza por las manifestaciones más primitivas, con la mímesis ritual como génesis del mundo humano y del sí mismo.[2] Las marcas visuales y sonoras son los signos del yo, la primera semiótica del ser humano. Se ve en tatuajes y en actuaciones simbólicas, que son una primera formalización del espacio y del tiempo, ya que lo tatuado ocupa el espacio del cuerpo; mientras que la actuación se desarrolla sobre todo en el tiempo, es lo que ocupa. Frente al tótem, se erige el tabú, y eso unifica las tribus en fratrías, que se reconocen por sus símbolos. De esta manera se crea el sistema social, articulado en torno al tótem. Y el sistema cultural estructura la concepción del mundo. Se tienen amuletos, que dan poder, pues este último es algo que siempre ha pretendido el hombre, en muy diversas formas (riqueza, autoridad, prestigio, etcétera).

De la mímesis ritual se pasa a la mímesis verbal, es decir, del rito se pasa al mito, que es narración, y se acompaña del logos, palabra y razón.[3] Ya no se trata de la palabra mágica, la cual hace cosas; por ejemplo, el ensalmo para tener buena caza o cosechas, sino la palabra inoperante, la que no hace, sino que narra o describe. Aquí se da más cabida a la representación abstracta, ya que la narración y la descripción lo permiten, al menos en el paso entre la imagen y el concepto. Se describe el universo de manera cosmológica y hasta ontológica o metafísica. También cambian las representaciones política, jurídica y económica, gracias al imperio cada vez más abarcador del *logos*. Eso da paso a la representación ética y estética, en el

---

[2]   *Ibid.*, pp. 25 y ss.

[3]   *Ibid.*, pp. 53 y ss.

orden retórico y el lógico; pues no olvidemos que al principio el *logos* era especialmente persuasivo, llegando a ser después plenamente lógico.

Se ve en los sofistas, del tiempo de Sócrates y Platón. Pero también en el de la tragedia, que llegó a hacer pensar a Sócrates-Platón en que a veces la tragedia era mejor que la filosofía para dar el sentido al hombre. Allí se da el proto-agonista, es decir, el protagonista de la tragedia, con su máscara, que fue la "persona", por lo que se habla del surgimiento del individuo. Es un paradigma (un ejemplo = *parádeigma*), y representa modelos o arquetipos: esto es, dioses o héroes. Cuando los representa, es alguien; pero, cuando se quita la careta, vuelve a ser indiferenciado. Sin embargo, ya la imaginación y la razón están suficientemente diferenciadas, como para saber quién es, y qué papel representa en la sociedad, ya no en el teatro. Es un sí mismo. La ética se distingue de la religión, como se ve en el caso de Antígona, en la tragedia. Y la estética se separa de la técnica, es decir, ya no se busca sólo la utilidad, los utensilios, sino que se va a lo bello, a lo que adorna y da brillo.

Pasando al ámbito de la filosofía ateniense, con Platón y Aristóteles, encontramos la elaboración occidental del concepto de razón, en el que nace lo que se ha llamado el paradigma onto-teo-lógico.[4] La razón es la que hace la cultura. Y la razón adquiere su estatuto de actitud teórica con el platonismo. Y al paradigma onto-teo-lógico lo acompaña un paradigma onto-sociológico. En este ambiente griego la subjetividad y su peligro son captados en profundidad con el mito de Narciso. El narcisismo es lo que destruye al hombre. Porque Narciso no se conoce ni se ama a sí mismo, sino a su imagen. Se adora la representación. Y se añade la especulación sentimental, con Eros y Psique como los modelos del amor.

Ya el propio Aristóteles señala que la tragedia narra un *mythos*, un mito, entendido como el contenido, la trama o las peripecias. Y poco a poco la narración deja lugar a la descripción, e incluso a la explicación filosófica. La tragedia hace que se independice la poesía, tanto épica como lírica, y de ahí se pasa a la especulación abstracta. No en balde todavía Platón

---

[4]   *Ibid.*, pp. 79 y ss.

escribió obras teatrales, que destruyó, pero que continuó con preciosismo en sus diálogos, los cuales son como representaciones dramáticas de temas filosóficos.

Al paso de la elaboración del concepto occidental de la razón, se da el del concepto de la persona.[5] La persona se concibe como individuo autoconsciente, es decir, responsable, y así habita la población. Pero también el individuo es conjunción de fuerzas heterogéneas, ya que el griego, por más racional que pretendía ser, convivía con las energías irracionales del hombre mismo. Aquí se da la confluencia de culturas diversas, y surge el colonialismo, que lleva la cultura propia a otros lares; así como el etnocentrismo, que hace ver a los extraños como bárbaros; y el humanismo, que piensa que la cultura propia es la verdaderamente humana, sin poder reconocer otros humanismos distintos. El individuo, según la filosofía de Aristóteles, tiene una unidad problemática, pero logra afianzarla, a través de la noción de substancia primera. Sin embargo, Dios es plural y la noción de persona es individual, con lo cual surgen nuevos problemas y paradojas. Finalmente, esto lleva a considerar a la persona como interioridad, como esa intimidad de uno mismo donde se da la subjetividad, ya para siempre, en el plano de lo privado, a diferencia de lo público del Estado.

En la modernidad, para la cuestión del sujeto, surge un modelo monológico y otro dialógico.[6] El monólogo fue propiciado por Descartes, hasta el riesgo del solipsismo. Fue la marca del racionalismo. En cambio, en los orígenes del empirismo, con Hobbes, fue el modelo del poder, con su ideal de un monarca absoluto, que defendiera a los ciudadanos de morir en la guerra de todos contra todos. Pero también surge el ideal del diálogo, con los teóricos del consenso, del yo como nosotros, en el pacto o contrato social.[7] Como ya hay lenguaje y semántica, se puede decir la verdad o la mentira —aunque es más frecuente esto último—, ya que hay un pacto de discurso, por el que

---

[5] *Ibid.*, pp. 101 y ss.

[6] *Ibid.*, pp. 121 y ss.

[7] J. Buganza, *Ensayo sobre la filosofía política de Thomas Hobbes*, Córdoba (Veracruz), Ediciones Verbum Mentis, 2005, pp. 32-33.

el grupo social expresa lo que somos. Así, la persona y la realidad se vuelven ficciones públicas, el mundo deviene falsedad, según dijo Nietzsche.

Producto de lo anterior son las descomposiciones de las representaciones de sí mismo.[8] Como el hombre se vuelve un personaje de teatro, se pelean los escenarios, y hay un monopolio de ellos. Hay, por lo mismo, un terrorismo epistemológico, por saber la verdad de uno. Y la risa corta ese miedo, con su ansiedad estentórea. No en balde, en seguida de la definición del hombre como animal racional, se agregaba su propiedad inalienable, la de ser risible, poder reír. En su historia, la risa puede ser reglamentada. O puede ser trascendental. Y la risa tiene un carácter escatológico, en el sentido de pertenecer al final, porque el que ríe al último ríe mejor.

Después del monopolio de los escenarios, en el neolítico, o modernidad, se da una multiplicación de los mismos, en el nuevo paleolítico o posmodernidad.[9] El nuevo paleolítico es el tiempo actual, porque se acabaron los elementos de la modernidad. Se ha ido más allá de la economía de producción. Se ha ido, también, más allá de la ciudad. Y se ha ido más allá de la escritura. Y eso ha engendrado la dispersión de la subjetividad. Por eso en la posmodernidad se estudian tanto las formas de la subjetivación (Foucault), eso a pesar de que se proclama la muerte del sujeto: el hombre ha muerto, después de que Dios ha muerto.

Choza analiza las representaciones temporales y espaciales del sí mismo; a las primeras corresponde el relato, a las segundas, el mapa.[10] La concepción temporal del sujeto lleva al olvido del ser. Es lo que ha señalado perspicuamente Heidegger, después de *Ser y tiempo*, y de *Tiempo y ser*. El ver al sujeto desde la temporalidad nos encierra en él y nos hace olvidar el ser, la realidad. En cambio, la concepción espacial del sujeto nos abre al ser. Es entonces cuando surge el pensamiento del afuera, como lo llamaron algunos posmodernos (Blanchot, Levinas...), el pensamiento de la exterioridad. A ella se llega por el símbolo y la analogía, más allá del signo y el cálculo.

---

[8]   J. Choza, *Antropología filosófica...*, pp. 143 y ss.

[9]   *Ibid.*, pp. 165 y ss.

[10] *Ibid.*, pp. 181 y ss.

En efecto, el símbolo es análogo y pide la hermenéutica; en cambio, el signo tiende a ser unívoco y exige la semiótica, aunque de suyo sea arbitrario y propenso a la equivocidad.

Por eso Foucault decía que la semiótica quería desbancar a la hermenéutica, porque esta última era del símbolo, mientras que aquélla iba al signo, el cual es moderno, como el otro es premoderno. El tiempo es interno, del sujeto, contrapone la subjetividad a la exterioridad. Por eso, para llegar al afuera, el cual nos queda lejos, necesitamos el saber de la distancia, que es la metáfora. En efecto, como su misma etimología lo dice, es lo que transporta más allá. Y, ya que se trata del lugar, hay que hablar de la tópica, la cual aporta los lugares comunes del discurso, y depende de las categorías, porque éstas son los señalamientos, las indicaciones en el camino.

Así, los modelos del sí mismo conllevan modelos de la realidad.[11] El modelo greco-ilustrado de la realidad es racionalista, aunque acuda a la experiencia. En él predomina el logos, la racionalidad. Pero le sigue el pensamiento burocratizado, como el de una de las pesadillas de Kafka. Por eso se ha pedido una vuelta al origen, como la que prenunció Heidegger, con su *Kehre*, en seguimiento de Hölderlin. Esta vía ha sido muy transitada por los posmodernos. Pero, a diferencia de Heidegger, que rechazaba el humanismo, a favor de la metafísica y por miedo a la técnica, éste se ha buscado en la actualidad; es más, han surgido humanismos alternativos. Y se dan modelos dialógicos de la realidad, en consonancia con los del sujeto; así las éticas del discurso, la conversación edificante de Rorty, etcétera.

Por eso nuestro autor señala en la actualidad la obsesión por una ontología del singular y una diversificación del futuro.[12] Esto ha traído enfoques filosóficos alternativos. La nueva sensibilidad del espacio y del afuera busca defender la diferencia. Allí se da la singularidad del comprender, pues la comprensión surge al captar el contexto, es un saber contextual. Y la comprensión lleva a la afección, a dar lugar a los afectos o sentimientos; y empuja a la comunicación. Pero la comprensión también inclina hacia la ontología, porque

---

[11]   *Ibid.*, pp. 207 y ss.

[12]   *Ibid.*, pp. 237 y ss.

es el *logos* del *ontos*, la comprensión del ente, y su comunicación, por eso Eduardo Nicol intituló uno de sus libros *Metafísica de la expresión*, porque el hombre está llamado a dar razón del ser. Es el poder de hablar, de decir el ser.

Esto nos lleva al carácter deíctico de la persona, porque ella se señala, se indica, como si fuera con el dedo índice. Es decir, es un alguien concreto. Con lo cual vemos la unidad de la razón, pero el pluralismo de las culturas; es decir, no que cada cultura distinta implique una racionalidad diferente, sino que la razón es la misma para todas las culturas, pero cada una de ellas la manifiesta de manera diferente. De ahí viene lo que dice Jorge Vicente Arregui: que la razón universal tiene raíces particulares.[13] Y la diversificación del futuro consiste en que se dan diferentes perspectivas para el ser humano: más que el tiempo unidireccional, tiempos heterogéneos, que engendran narrativas diferentes, relatos que no son metarrelatos.

5.2. La pulsión representativista

Así como, a partir de Hegel, Charles Taylor hablaba de que el hombre tiene una fuerte necesidad de expresarse (a la que llamó "expresivismo"), así encontramos que la tiene de representarse. Nos lo muestra Jacinto Choza, tal vez también a partir de Hegel.

Lo que más me interesa de la obra de Choza es que señala que después del paleolítico se pasó al neolítico, pero ahora se ha vuelto a un nuevo paleolítico. Es lo que vemos en la llamada tardomodernidad o posmodernidad. Si la modernidad fue subjetivista, y plantada en el tiempo, ahora se planta en la extensión, y es objetivista. Ha abandonado el interior para ir al exterior, del pensamiento intimista pasó al pensamiento del afuera. Según nuestro autor, eso ha propiciado la superación de la epistemología para ir a la ontología. Se busca la realidad, el realismo y la metafísica.

---

[13] J. V. Arregui, "Sobre algunas raíces particulares de la razón universal", en J. B. Llinares y N. Sánchez Durán (eds.), *Ensayos de filosofía de la cultura*, Madrid, Biblioteca Nueva, 2002, pp. 271 y ss. También se puede ver J. Choza, "La cultura es más radical que la razón", en J. B. Llinares y N. Sánchez Durán (eds.), *op. cit.*, pp. 41 y ss.

Mas, para ello, se ha acudido a un pensamiento alternativo, que no fue muy comprendido por la modernidad, y que es el pensamiento analógico. La modernidad fue unívoca, y la posmodernidad corre el peligro de ser equívoca, con su demasiada ambigüedad; por eso es preciso rescatar el pensamiento de la analogía.

Choza señala una de las formas de la analogía, que es la metáfora, la cual da el esquema al símbolo, ya que, según Ricoeur, el símbolo tiene la estructura de la metáfora, y ésta, la de la analogía. Tal vez ya desde Aristóteles. Kant mismo decía que el símbolo sólo se puede comprender por analogía. Acaso por el juicio reflexionante, que es analógico, no por el juicio determinante, que es unívoco.[14] Por eso yo he pensado en una hermenéutica analógica, o en toda una racionalidad de este género.

El símbolo exige pasar del interior al exterior, hace pasar, es una especie de rito de paso. Mi amigo, ya finado, Eugenio Trías, me decía que él concebía el símbolo como el que conectaba, el que unía en los bordes, en el límite. Y yo creo que esos límites son los de la univocidad y la equivocidad, que el símbolo ayuda a sortear porque es una secuela de la analogía.

El símbolo supera la razón científica, y exige imaginación creativa y razón que pregunta. Es una racionalidad analógica. Choza nos dice:

> Gadamer sugiere que lo que Kant llama simbolización es un tipo de proceso que pertenece al orden de lo que la tradición tomista llama *analogia entis*, y en esa misma línea se ha indicado también que la "analogía" de la tradición tomista reaparece en la noción posmoderna de "diferencia". Desde nuestra perspectiva se puede señalar que la analogía es el modo de ejercer el pensamiento respecto de lo exterior, y que la noción posmoderna de "diferencia" es un modo de designar lo que aquí estamos llamando exterioridad. Según esta equivalencia, el pensamiento antiguo y medieval queda alineado con el pensamiento

---

[14]   I. Kant, *Crítica del juicio*, México, Editores Mexicanos Unidos, 1998, § 58.

débil en cuanto que poco riguroso desde el punto de vista epistémico y en cuanto que asimilable a la imaginación creadora de ficciones artísticas.[15]

En efecto, Vattimo, campeón del pensamiento débil, reconoció en 2003 que mi hermenéutica analógica iba en ese registro, porque se oponía al pensamiento fuerte, o unívoco; pero aquí se corre el peligro de que el pensamiento débil sea tan débil, que se escurra al nihilismo, al equívoco; por eso la defensa de un pensamiento analógico, que es el auténtico pensamiento débil, pero que se mantiene lo suficientemente firme como para darnos una filosofía no tan endeble.

Como decía Kant, el tiempo es interno; por lo que el espacio es externo, es el afuera. A él nos lleva el símbolo, que nos hace traspasar los límites de la subjetividad. El lenguaje simbólico dispersa la realidad, unificada y formalizada por el signo; pero es lo que se necesita para pasar de una lógica formal a una dialéctica. Parecía que eso era imposible, por las contradicciones que implicaba. Sobre esto, dice Jacinto Choza:

> Hegel, sin embargo, encontró un procedimiento para hacerlo, según el cual, el juicio reflexionante, operando no según las categorías del entendimiento formal, sino según las propias de una lógica dialéctica, conseguía una construcción tan rigurosa como las de la ciencia positiva, pero realizando la síntesis entre la metafísica y la historia. Así logró efectivamente hacer inteligible la historia.[16]

Al parecer, Hegel consiguió lo que no alcanzó Heidegger: juntar el ser y el tiempo. Con todo, también la dialéctica recibió duros cuestionamientos por parte de los críticos de la modernidad, como Horkheimer y Adorno.

Tanto la lógica formal como la dialéctica son estructuraciones del tiempo. Hay que dar paso a la espacialidad, incluso aprovechando exposiciones

---

[15] J. Choza, *Antropología filosófica...*, p. 190.

[16] *Ibid.*, p. 195.

del tiempo como la de san Agustín, que no es tiempo interno, sino tiempo real. Pero ese pensamiento del exterior tiene que establecerse más con un lenguaje analógico y simbólico que con uno calculante y dialéctico. Explica Choza:

> Así pueden lograrse sistemas categoriales mediante procesos simbólicos y analógicos apoyados en la realidad empírica y en la percepción, o bien mediante procesos en los que opera el libre juego de las facultades, como por ejemplo los que pueden venir dados por la *convenientia, aemulatio, analogia y simpatía*.[17]

Son los aspectos de la semejanza que mencionaba Foucault en *Las palabras y las cosas*. Pero Choza agrega:

> Abrir el proceso del libre juego de las facultades, de la simbolización o de la analogía es, de entrada, prescindir del tiempo y el espacio formalizados al modo único de Kant primero y de Hegel después, y luego, o bien partir del espacio y el tiempo formalizados según procedimientos diferentes, o bien generar una multitud de espacios y tiempos heterogéneos.[18]

Por eso han surgido múltiples culturas, de las que cada vez más vamos cobrando conciencia.

Así como para el pensamiento temporal se necesita relato y cronómetro, para el pensamiento espacial se necesita una cartografía, mapa. Y el saber cartográfico se construye mediante saltos por los diversos espacios, y lo hace la metáfora. Vuelvo a citar a Choza:

> La infraestructura del concepto de "demostración" es de índole temporal y la del de "similitud" de índole espacial. Una secuencia lógica,

---

[17]   *Ibid.*, p. 198.

[18]   *Idem.*

si se sigue paso a paso, es concluyente, demostrativa. Y lo es precisamente en tanto no da saltos. Dar saltos es llevar algo de un sitio a otro sin pasar por el medio, llevar más allá de un modo inmediato. Eso se puede expresar en griego con la palabra *metáfora*, derivada del verbo *metaphéro*, que significa *1)* acarrear, transportar, *2)* cambiar, alterar, y *3)* en la *Retórica* de Aristóteles, usar una palabra con sentido cambiado, usar una metáfora. Metáfora es el uso de un significante que tiene un significado para referirlo a otro "queriendo decir" de otra manera.[19]

Y la misma filosofía se ha construido con metáforas y otros tropos, en esas dualidades que han sido célebres, como *physis/techne*, *physis/nomos*, sensible/inteligible, espacio/tiempo o significante/significado.

Pero hay que tener cuidado de no exagerar, porque si ese recurso masivo a los símbolos se ve como volver al origen, éste puede resultar muy cuestionable. Choza aclara:

En ese retorno generalizado a la simbolización, al pensar poético y a la metáfora, o sea, al conocimiento de lo distante e inconmensurable, a lo incapaz de desarrollo y desmesurado, porque no hay medidas para ello o porque las que había resultan insuficientes, tendríamos un retorno al principio muy peculiar.[20]

Es la analogía la que nos puede ayudar a evitar ese escurrimiento del pensamiento alternativo a la equivocidad, que tanto nos amenaza ahora en tiempos de posmodernidad.

Cualquier ideación parte de una metáfora, ya que la metáfora misma es ya ideación. Por eso la metáfora nos puede servir para idear modelos de realidad y del sí mismo, que vayan más allá del greco-ilustrado. El modelo onto-teo-lógico de la realidad, en metafísica, se ha reproducido para el sujeto, en antropología filosófica. Éste es substancia, luego relación, luego

---

¹⁹ *Ibid.*, p. 200.

²⁰ *Ibid.*, p. 202.

pensamiento. Pero también se le ha pensado, alternativamente, con el modelo de la libertad, del diálogo, etcétera. Este pensamiento greco-ilustrado ha llevado a la burocratización, a pesar de las críticas de Kierkegaard, Nietzsche, Marx y Durkheim. Pero también las de Weber, a quien parecen repetir Horkheimer y Adorno. Choza se remite, asimismo, a las teologías negativas o místicas, que no pueden incurrir en la acusación de onto-teo-logías.[21] Por eso ahora no importa tanto la demostración de la existencia de Dios, sino el vivirlo como misterio, esto es, la experiencia religiosa.

Esto nos hará evitar el nihilismo. Lo que da sentido a la vida no puede ser unificado, pero esto no significa hundirse en la nada.

> La noción de ser no es sino "la unidad problemática de una pluralidad irreductible de significaciones". Pero es improcedente la acusación de nihilismo ante unos planteamientos que proponen una idea del hombre o un humanismo que, aunque no permiten una unificación como la que el modelo onto-teo-lógico proporcionaba, abren la posibilidad de una nueva comprensión del hombre por el hombre, del mundo y de Dios, desde un nuevo acercamiento al origen, al ser.[22]

Sin embargo, sigue siendo el recurso a la analogía el que nos hace evitar el nihilismo, porque da diversos sentidos al ser y a la nada misma. En la línea de rechazar el univocismo de la modernidad, hay que aprender de las posturas equivocistas la apertura, que puede ser creativa. "Junto al nihilismo de la posmodernidad se registran todos esos planteamientos y desarrollos en los demás órdenes, que no derivan de Heidegger pero sí de actitudes intelectuales análogas a la suya, que no pueden ser descalificados sin más como nihilismo".[23] Precisamente uno de esos intentos es la racionalidad analógica, que yo promuevo.

---

[21]   M. Heidegger, *Identidad y diferencia*, Barcelona, Anthropos, 1990, pp. 99 y ss.

[22]   J. Choza, *Antropología filosófica...*, p. 229.

[23]   *Ibid.*, p. 230.

Uno de esos paradigmas no onto-teo-lógicos es el del diálogo. Así se puede reconstruir incluso la metafísica de la substancia, pero no en el camino de la lógica, sino en el de la retórica y la poética. Recuperar sus intuiciones, pero en un registro más abierto. Así, hay una metafísica dialógica, como la de Buber y Levinas, y una de la narratividad, como la de MacIntyre y Taylor, al igual que la primacía que se ha dado a la ética últimamente.

Igual podemos decir del modelo de la hermenéutica, que, más allá de la fenomenología y la filosofía analítica, lleva a un discurso abierto pero firme, sin caer en las distensiones de lo que Choza denomina la escolástica posmoderna, que nos ha acostumbrado a ver la filosofía como algo *light*.[24]

La hermenéutica nos enseña que todo pensamiento es contextuado, que un texto cobra sentido en su contexto, pero no implica que no haya nada fuera del texto y que todo sea contexto. El contextualismo excesivo es relativismo exagerado.

> Para empezar, puede pensarse que el sentido es relativo a la situación, la cual a su vez es relativa al horizonte de comprensión. Eso no significa que "todo es relativo" en el sentido de que no hay verdad ni razón. Que los astros y las velocidades de los cuerpos del universo sean relativos a la posición del observador, no significa que no haya cuerpos en movimiento, ni, mucho menos, que no se puedan medir ni saber dónde están. Significa que es muy importante tener en cuenta la posición del observador a la hora de formular la trayectoria y otras características de los cuerpos.[25]

Esto es un relativismo relativo, de sentido común, es decir, el de la analogía, no el del equivocismo de muchos posmodernos que lleva al escepticismo y al nihilismo.

Choza llama la atención hacia el ser como poder, recordándonos a Nietzsche. También como acción, pero ya no como substancia. Insta a usar

---

[24] *Ibid.*, p. 238.

[25] *Ibid.*, p. 246.

el modelo dialógico de hacer metafísica, en un pluralismo de mentalidades diferentes. Pero conserva un equilibrio:

> Desde luego se trata en último término de cuestiones metafísicas, pues aunque el vocablo "metafísica" se utiliza ahora habitualmente para designar el modelo onto-teo-lógico, la elaboración de las nociones que lo integran mediante conceptos de otro paradigma también podría seguir recibiendo ese nombre a falta de otro mejor.[26]

Sin embargo, el acudir al ser como poder y como acción (Vico, Goethe y Nietzsche) es lo que Ricoeur ha parafraseado como potencia y acto, en el sentido aristotélico, sólo que replanteado; lo cual, sin embargo, le sirve para plantear una ontología general, que vaya más allá de las ontologías regionales.

Por eso creo que hace falta una ontología o metafísica analógica. Ella evitará la dureza y onto-teo-logía de la modernidad, pero también la debilidad y la deriva de la posmodernidad. Y nos dará una filosofía primera dúctil y suficiente a la vez, que es lo que ahora necesitamos.

Conclusión

Vemos que Jacinto Choza tiene un proyecto filosófico muy semejante al de la hermenéutica analógica o, si se prefiere, al de la racionalidad analógica, o pensamiento analógico. En efecto, no se trata de desbancar la metafísica, sino de replantearla, quitándole la dureza del substancialismo (del sujeto) que le dio la modernidad. Para eso creo que resulta de singular importancia una metafísica analógica, que evite ese univocismo de los modernos sin incurrir en el equivocismo de muchos posmodernos, que nos ha llevado a un nihilismo muy palpable en nuestros tiempos.

---

[26]   *Ibid.*, p. 258.

CAPÍTULO 6

La relación de la política con la ética

Introducción

En estas líneas deseo plantearme el problema de la relación de la política con la ética. No basta con la política sola. Se necesita algo más, y eso únicamente lo puede dar la ética. Ya se ha pasado de la legalidad en los Estados a la legitimidad en los mismos. Y esta última no es cuestión sólo de filosofía del derecho, es donde tanto ella como la filosofía política se conectan con la filosofía moral o ética, y no pueden renunciar a ella.

Ahora esto se estudia en el republicanismo, más allá del liberalismo y del comunitarismo, a saber, en el cauce de la democracia, buscando que ésta sea lo más amplia y profunda que se pueda. Vale la pena replantearse la relación de la política con la ética, desconectadas, según se dice, desde Maquiavelo, pero ahora tratando de unirse a toda costa. Éste será un esfuerzo que redundará en beneficio de todos los que estamos involucrados en la sociedad. En la sociedad universal, sin más.

6.1. Ética y política

Aristóteles definió al hombre como animal político.[1] Esto quiere decir que vive en sociedad, y que participa en los asuntos de la ciudad, porque la *polis* era la ciudad-Estado de los griegos. Ahora pensamos esto con una extensión mayor, pero la participación sigue siendo la misma. Ya que se trata de una democracia, incluye los temas de gobierno.

Además, el propio Aristóteles dio otra definición del hombre, como animal racional.[2] Eso significa que tiene *logos*, esto es, razón y lenguaje. Porque reflexiona y razona acerca de los asuntos sociales y políticos, y los comunica a los demás ciudadanos.

Podemos añadir que Ernst Cassirer definía al hombre como animal simbólico.[3] Esto añade a lo anterior el que el ser humano vive rodeado de sus símbolos culturales. Es decir, vive en una cultura, pues la sociedad es un grupo cultural, con los elementos que competen a una civilización o cultura, como instituciones, leyes, ideas o creencias y valores.

Otra definición del hombre fue la que dio el filósofo español Luis Cencillo, quien veía al ser humano como animal hermenéutico, esto es, como alguien que interpreta. Quizás estaba retomando lo que había dicho Martin Heidegger en *Ser y tiempo*: que uno de los existenciarios del hombre, o modos esenciales de ser, era el comprender y, por lo mismo, el interpretar. De hecho, interpreta su realidad, tanto natural como cultural o social.

Pero en ese interpretar se topa con el discernimiento del bien y del mal, en sentido moral, y es cuando surge la ética. Viene de *ethos*, que quería decir, primero, el entorno donde se vivía, y después la intimidad, o sea el carácter. Por eso designó la conducta del individuo, tanto con respecto a sí mismo como con respecto a los demás. Es decir, abarca una ética individual y una ética social.

---

[1] Aristóteles, *Política*, l. I, c. 1, 1253a.

[2] *Idem.*

[3] E. Cassirer, *Antropología filosófica*, México, FCE, 1987, p. 49.

Y es que la política embona con la ética.[4] El mismo Aristóteles llegó a pensar que la política abarcaba la ética, en el sentido de que aquélla atendía a todo el comportamiento del individuo en la sociedad, y la ética estaba concernida solamente con lo que fuera moralmente bueno o malo.[5]

Además, se ha distinguido entre ética y moral —por ejemplo Kant—, y se ha considerado que la moral es lo que la gente hace, mientras que la ética es lo que la gente debería hacer. Y digo "debería" porque, aun cuando se habla de leyes morales, no son como las leyes positivas de los Estados, que tienen instancia coercitiva para hacerlas cumplir, sino que las leyes morales dependen más de la conciencia de la persona.

Así, pues, la moral suena a sociología de las costumbres, a descripción de lo que la gente hace en una sociedad, en tanto que la ética aspira a ser no meramente descriptiva, sino prescriptiva o normativa. Y a establecer reglas universales, esto es, que valgan para todos, y no solamente para los de una región o un país.

La ética es algo constitutivo del ser humano, que va más allá de su moral, la que tiene en su sociedad, pues a veces la critica o se opone a ella. Trata del deber ser y no sólo del ser. Intenta obligar al ser humano a procurar lo que es bueno para él y para la sociedad.

La relación de la ética con la política es antigua. Se veía, por ejemplo, en los griegos. Y corresponde a lo que ahora Habermas ha distinguido como legitimidad además de legalidad.[6] Esto es, no basta que un Estado cuente con un gobierno avalado por la ley, o legal, sino que tiene que ser legítimo, en el sentido de procurar en verdad el bien de los ciudadanos.

Es algo que nos enseña la hermenéutica. Conectar la ética con la política es llegar a tener una sociedad presentable. Es decir, democrática. De otra manera habrá política, pero no ética. Tendremos una sociedad inmoral. Por eso no basta la legalidad de un Estado, sino que ha de ganarse la legitimidad.

---

[4]   J. L. L. Aranguren, *Ética y política*, Madrid, Orbis, 1987, pp. 57 y ss.

[5]   Aristóteles, *Ética Nicomaquea*, l. I, c. 2, 1094b.

[6]   J. M. Mardones, "Teorías de la legitimación del poder hoy. J. Habermas y la teoría del discurso", *Sistema*, núm. 120, 1994, pp. 39 y ss.

Esa legitimidad se obtiene estableciendo una sociedad justa y equitativa. No sólo con una adecuada justicia legal, o de la administración jurídica, sino con una justicia distributiva o, como se le llama ahora, una justicia social conveniente, que asegure el bienestar de los ciudadanos.

Que no solamente se preocupe por asegurar los bienes materiales necesarios para la sustentación de los ciudadanos, sino también los bienes que podemos llamar espirituales, como la libertad de pensamiento, el disfrute de la cultura, con todo lo que ella implica, de arte, creencias, etcétera. Siempre y cuando no se vaya contra el bien común.

Y es que el bien común es el objetivo de la política. Por eso el político tiene que saber cuál es el bien común de la sociedad en la que está, para poder orientarla hacia él. Para poder decir que le sirve a ella y no que se sirve de ella.

Esos bienes espirituales los aseguran los derechos humanos. Una sociedad democrática tiene que salvaguardarlos, porque se supone que sólo pueden ellos vivir y prosperar en una sociedad democrática. Se apoyan mutuamente.

Aristóteles decía que se hacía sociedad para realizar el trabajo y vivir el amor o amistad. Esto hace que nos resuene lo que decía Freud, quien atribuía a su psicoanálisis: hacer que el hombre trabaje mejor y ame más. Es lo mismo. Trabajo y amor o amistad, amistad social es lo que debería buscarse, y eso únicamente se logra con la justicia, que es la que asegura la paz.

Una democracia, que es la que acepta al pueblo en el gobierno, o que ve a la sociedad y no solamente al Estado, se esfuerza por asegurar, en primer lugar, los bienes materiales necesarios. Sin ellos no puede darse ni la sociedad ni siquiera la vida. Son básicos. Pero eso no bastaría. Se necesitan bienes espirituales o culturales que aseguren el sentido.

No en balde ha dicho Adela Cortina que los mínimos de justicia o de vida justa son fáciles de acordar, y que los máximos de felicidad o de vida buena son difíciles de acordar. Pero son los que dan sentido a los otros.

Los bienes materiales y los mínimos de justicia son necesarios, pero no suficientes. Se requieren los bienes culturales y los ideales de vida buena o realizada para que la gente esté más satisfecha. Es la búsqueda de la felicidad.[7]

Por eso la democracia comienza siendo político-económica, ya que abarca la participación en el ejercicio del poder o de la autoridad, y en la distribución de los bienes. Pero tiene que avanzar más, y llegar a ser cultural, esto es, permitir a todos el acceso a los bienes del espíritu, o de la cultura.

Eso implica el que todos tengan derecho a la educación, a gozar del arte y de otros elementos de la cultura misma, como la libertad de creencias y de pensamiento. En estos tiempos tan tecnocráticos hace falta abrir la puerta a estos bienes de la ciencia y las humanidades. No en balde señalaba Sócrates, a través de Platón, que la *techne* o técnica tenía que ser acompañada por la *phrónesis* o prudencia, lo que equivale a decir que la filosofía tiene que orientar a las ciencias.

Por lo pronto, hay que dar a la comunidad acceso a los bienes materiales y a los espirituales o culturales. Es en lo que han insistido los comunitaristas, como MacIntyre, quien señalaba la necesidad de ciertas virtudes; o Charles Taylor, con su ética y política del reconocimiento: las culturas no se contentan con ser toleradas, quieren ser respetadas y valoradas, esto es, reconocidas. Es lo que se juega a nivel intercultural. La insistencia de estos comunitaristas hizo que John Rawls se apartara progresivamente de una postura demasiado liberal o individualista.

En efecto, Rawls ha hablado de dar acceso a los bienes en forma de brindar oportunidades a los ciudadanos.[8] Pero hace falta que abarque tanto los bienes materiales como los culturales. Abrir la entrada a la educación, al disfrute del arte, etcétera. Porque eso es lo que hace que un pensamiento político sea también ético.

Ya mucho será que se reconozca que la política tiene que caminar iluminada por la ética. Si no, la política se quedará en una técnica para asegurar los bienes materiales y para distribuir el ejercicio del poder, pero no

---

[7] J. L. L. Aranguren, *Ética de la felicidad y otros lenguajes*, 2a. ed., Madrid, Tecnos, 1992, pp. 89 y ss.

[8] J. Rawls, *La justicia como equidad. Una reformulación*, Barcelona, Paidós, 2002, pp. 81 y ss.

satisfará la necesidad de todos de una vida digna, con cierto tipo de virtudes que proporcionen felicidad.

Aristóteles se proponía una ética eudemonista, es decir, que buscaba la felicidad de los seres humanos. Este ideal ha vuelto, y ahora se ha caído en la cuenta de que hay que sobrepasar lo elemental y llegar a la exigencia de la felicidad. Es el ideal de vida, es la idea de lo bueno que se tiene en cada grupo cultural e incluso a nivel individual, personal. Por eso ahora se ha dado tanta importancia a la persona, en las filosofías personalistas. Pero más allá del individuo está la comunidad; mejor que el bien personal está el bien común. Siempre se tratará del bien de las personas. Sólo que a nivel más amplio.

Esto se asegura con la defensa y promoción de la vida, algo en lo que ha insistido mucho Enrique Dussel. Y es algo que se logra asegurando los derechos humanos en la sociedad, que son los que la harán una sociedad aceptable.

Por eso al filósofo le toca la justificación o fundamentación de los derechos humanos. No es una tarea inútil. Por más que estén positivados, hay que aportar razones para que se guarden, aunque no lo estuvieran, o para añadir otros que todavía no lo están. Además, esa reflexión ayudará a aumentarlos y a hacerlos crecer.

Para ello es indispensable conocer al ser humano. Porque sólo así se sabrán sus necesidades y se valorará su gran dignidad. Por eso es imprescindible el trabajo de fundamentación de los derechos humanos, que desembocará en el de fundamentación de la ética misma.

Nos movemos por lo que nos resulta valioso, procedemos por axiología. De alguna manera, la teoría de los valores sirve de base inmediata a la ética, porque entre ellos se encuentra el valor moral, y es el que nos hace llegar a la ética. No se equivocaba Nietzsche al decir que los valores son los que nos impulsan. Lo que le falló fue el transvalorar lo que no se debía, porque lo que necesita la sociedad es una tabla de valores conveniente a sus fines: las virtudes.

Con esta fundamentación de los derechos humanos puede colaborar el filósofo en la sociedad. Es parte del republicanismo, ya que una de las virtudes cívicas que promueve esta perspectiva es la de participar en los debates, en los análisis, y éste es uno de los estudios que más pueden favorecer esa participación.[9]

Ahora bien, esa fundamentación de los derechos humanos para la sociedad política nos conduce a la fundamentación de la ética misma, ya que los mencionados derechos tienen un carácter ético. Por eso tenemos que pasar a esa problemática.

6.2. Sobre la fundamentación de la ética

Se ha discutido mucho acerca de las bases de las teorías éticas. Se trata del problema de la fundamentación. Y ciertamente es muy necesario, ya que de ciertas cosas no podemos menos que pedir la razón. Es la idea de la razón suficiente, sobre la que hablaba Leibniz. Con ella está conectada la fundamentación. No en balde Heidegger habló de la esencia del fundamento en relación con el leibniziano principio de razón suficiente.[10]

Pues bien, la fundamentación se realiza argumentando, es decir, aportando razones que nos hagan ver la validez de los preceptos morales o de las prescripciones éticas que efectuamos. Y la argumentación es la aplicación de la lógica a las cosas que hacemos. No otra cosa es la teoría de la argumentación, sino lógica aplicada. Se basa en la lógica y nos enseña a buscar los mejores argumentos que podamos.

La argumentación utiliza el lenguaje. Y en la filosofía del lenguaje tenemos tres ramas o dimensiones: la sintaxis, la semántica y la pragmática. La sintaxis norma la coherencia de lo que decimos; la semántica asegura que lo que decimos corresponda a algo; y la pragmática revela el sentido en

---

[9] J. L. L. Aranguren, *Implicaciones de la filosofía en la vida contemporánea*, 2a. ed., Madrid, Taurus, 1971, pp. 59 y ss.

[10] M. Heidegger, "Esencia del fundamento (o sobre el principio de razón suficiente)", en *Hoelderlin y la esencia de la poesía, seguido de esencia del fundamento*, México, Séneca, 1944, pp. 49 y ss.

el que estamos usando el lenguaje, muestra lo que queremos significar con lo que decimos.[11]

Aplicada a la ética, se ha usado la filosofía del lenguaje para estudiar el carácter de nuestros enunciados morales y nuestros juicios éticos. Se ha hecho sobre todo en la filosofía analítica. Un ejemplo de esto es Richard M. Hare, en su famoso libro sobre el significado de los enunciados morales.[12] O también se ha visto en lo que dentro de esa corriente se ha denominado metaética, que se dedica, precisamente, a descubrir el significado de los enunciados éticos y a destacar su carácter prescriptivo (o ver su posibilidad y validez).[13]

La sintaxis es básica, ya que la coherencia es indispensable en un lenguaje. La semántica es también necesaria, para asegurar la referencia de nuestros enunciados. Pero sobre todo lo es la pragmática, ya que los enunciados éticos son complejos, principalmente cuando no son descriptivos sino prescriptivos o normativos. En la misma filosofía analítica ha sido la pragmática la que se ha encargado de buscar la manera en que se puede pasar de la descripción a la prescripción, del ser al deber ser, o cómo derivar el "debe" de "es".[14]

En efecto, ya se ha abandonado la acusación de falacia naturalista en la ética, por pasar de la descripción a la prescripción, ya que se necesita estudiar la naturaleza del hombre para poder asignarle una ética o un derecho, so peligro de que, si no se le comprende, se le darán normas que no se ajustan al ser humano, por desconocimiento de lo que es y lo que necesita.

Claro está que no se pasa de una manera simple y directa del ser al deber ser, de la antropología filosófica a la ética, pues un enunciado descriptivo o fáctico no siempre lleva a un precepto. Pero es indiscutible que toda

---

[11]   Ch. Morris, *Fundamentos de la teoría de los signos*, México, UNAM, 1958, pp. 36-37.

[12]   R. M. Hare, *El lenguaje de la moral*, México, UNAM, 1975.

[13]   H. Albert, *Ética y metaética*, Valencia, 1978; puede verse mi reseña de este libro en *Revista de Filosofía*, vol. 14, UIA, 1981, pp. 221-223.

[14]   W. D. Hudson, "Editor's Introduction: The Is-Ought Problem", en W. D. Hudson (ed.), *The Is/Ought Problem. A Collection of Papers on the Central Problem in Moral Philosophy*, Londres, Macmillan, 1969, pp. 11 y ss.

ética lleva un supuesto antropológico, se basa en una filosofía del hombre, aunque a veces quiera ocultarlo.

Precisamente en filosofía del lenguaje se ha derramado mucha tinta haciendo ver el proceso que se sigue para extraer o derivar enunciados normativos a partir de enunciados descriptivos. Desde John Searle, con sus "actos de habla", hasta Hilary Putnam, más recientemente, nos han mostrado que los enunciados descriptivos pueden estar cargados de valoración normativa.[15]

Lo que sí resulta claro es que la ética tiene que ser prescriptiva; si no, sirve para muy poco, no pasa de contener buenos deseos. Ninguno de los grandes moralistas escribió una teoría ética para él mismo, o para los de su país, sino que todos ellos tuvieron una intención de que fuera universal, que valiera para todos. Aristóteles, Aquino, Kant y Marx lo pensaron de esa forma.

De una manera kantiana, también se puede agregar que la ética, además de pretender ser prescriptiva y universalizable, quiere ser incondicional; esto es, no estar sujeta a condiciones psicológicas. Es cierto que se necesita reflexionar sobre los efectos o consecuencias de acciones y normas, pero eso no autoriza para condicionar la conducta moral; pues se quedaría en una ética de la intención, y poco a poco la norma se iría desmoronando, al no ser suficientemente firme.

También se ha escrito bastante sobre la argumentación moral, ya que ésta es la que aporta razones para la fundamentación de la ética. Pero siempre se trata de la manera en que podemos dar buenas razones, o el mejor argumento, como dicen Apel y Habermas, aunque siempre habrá dudas acerca de cuál es el mejor y por qué. Desde argumentos puramente racionales, pasando por los que aluden a hechos, o a códigos, y llegando a los que aducen alguna autoridad, siempre se trata del diálogo filosófico y sus condiciones de posibilidad y validez, el cual se tiene que dar para compartir la construcción de una sociedad democrática y plural.

---

[15] J. Searle, "Derivación de 'debe' a partir de 'es'", en *Actos de habla*, Madrid, Cátedra, 1990, pp. 178-201; H. Putnam, *El desplome de la dicotomía hecho-valor y otros ensayos*, Barcelona, Paidós, 2004, pp. 43 y ss.

Sin embargo, hay posturas que rechazan la necesidad de una fundamentación. Una de ellas es el cientificismo, por considerar que la razón pertenece a las ciencias "duras" y que en las humanidades impera la irracionalidad. El racionalismo crítico (Karl Popper y Hans Albert) piensa que todo intento de fundamentación está condenado al fracaso, porque se basa en el mismo individuo que lo propone. El relativismo está presente en varios ámbitos. Uno es el del neopragmatismo de Richard Rorty, que se encierra en la propia cultura (etnocentrismo), y otro es el del posmodernismo, que plantea una racionalidad débil (Gianni Vattimo), tanto que no es suficiente para justificar de una manera satisfactoria los preceptos o tesis morales o éticas de ningún sistema. De manera nietzscheana, se queda en la voluntad de poder, o en razones muy discutibles, que no alcanzan a universalizarse, porque eso se considera como razón "fuerte" o impositiva.

Pero sigue firme la necesidad de fundamentar la ética. Inclusive se habla de urgencia, a pesar de su dificultad. Y sobre todo de fundamentar una ética universal.[16] Apel ha señalado una paradoja: ahora es cuando más urge esa ética universal, para salir de la dispersión en la que nos encontramos; pero esa misma dispersión dificulta el llegar a esa ética cosmopolita, sobre todo por el cientificismo ambiente.

No se puede pretender una fundamentación como la de las ciencias, basada en principios inconcusos, sino en una que vaya a los presupuestos que dan firmeza a la argumentación ética. Es una fundamentación diferente de la científica, la propia de la filosofía.

Podemos hablar de una fundamentación dada por la antropología filosófica, incluso por la ontología, evitando el riesgo de incurrir en falacia naturalista. Se da a través de la hermenéutica.[17] Sobre ella misma se ha aceptado que tiene una base antropológica, y que ella conecta con la ontología. De hecho, lo más elevado de la ontología es el concepto de persona. Es decir, nos lleva a un personalismo, a una antropología personalista o atenta a la persona.

---

[16] K.-O. Apel, *Hacia una macroética de la humanidad*, México, UNAM, 1992, pp. 7 y ss.

[17] M. Beuchot, *Ética*, México, Torres, 2004, pp. 157 y ss.

Para la fundamentación se ha usado a Kant, el cual la cifra en la dignidad del hombre, que siempre es un fin y nunca un medio o instrumento.[18] Pero en el fondo hay algo ontológico, objetivo, y no puramente intersubjetivo, ya que incluso es base del diálogo o del discurso que llevaría al consenso acerca de eso. El hombre es digno por naturaleza, lo cual nos lleva a un naturalismo de fondo, como el aristotélico. Tratamos de reunir a Aristóteles y a Kant, empresa difícil, pero benéfica.

De hecho, la hermenéutica nos ha dado la lección de que no podemos manejarnos sin un sustento ontológico, sin un suelo resistente, o un cimiento confiable, que es precisamente lo que significa el fundamento. No hay interpretación fidedigna si no hay una base ontológica en la que descanse; por eso Gadamer habló de una hermenéutica ontológica. No en balde su maestro Heidegger llamó a la ontología "hermenéutica de la facticidad". Como uniendo lo que había separado Nietzsche: los hechos y las interpretaciones, entendiendo la ontología como interpretación de los hechos. Así, podemos pensar que la antropología filosófica es una hermenéutica de la facticidad humana, un conocimiento del hombre, para saber qué ética le es conveniente, y no arriesgarnos a equivocarnos planteando una ética inhumana o demasiado laxa.

Además, una hermenéutica analógica de la facticidad humana nos hace interpretar el hecho del hombre, a través precisamente de las obras de éste, es decir, partir de los efectos, en este caso de los productos culturales, de su misma cultura, para llegar a su ser, a la manera como trató de hacerlo Paul Ricoeur, quien recorrió ese "camino largo", por las obras de cultura, para llegar a una ontología regional del ser humano, e incluso a una ontología general en la que éste encuentra su fundamento.[19]

Hacer una hermenéutica de la facticidad humana es conocer la naturaleza del hombre, de la cual surgen tanto su dignidad como sus necesidades. La fundamentación kantiana se apoya en la dignidad, y otros prefieren

---

[18]   A. Cortina y E. Martínez, *Ética*, 3a. ed., Madrid, Akal, 2001, pp. 145 y ss.

[19]   P. Ricoeur, *Sí mismo como otro*, 2a. ed., México, Siglo XXI, 2003, pp. 328 y ss.

atender a las necesidades básicas, de las cuales se desprenden los derechos humanos.

Se recupera la tradición clásica, que los basaba en los apetitos naturales, o tendencias, los cuales se expresan como necesidades humanas básicas. Otros los han llamado instintos, como el de la propia conservación, el del cuidado de la prole, etcétera. De ahí se iban derivando los derechos naturales, por adición, que ahora hemos ampliado como derechos humanos.

Los romanos decían que la necesidad engendra derecho. Así, recientemente se han usado las necesidades básicas humanas para fundamentar los derechos humanos.

Pero siempre, en el fondo, está como cimiento la naturaleza humana, de la que surgen esas necesidades, y también de ella surge la dignidad humana. De modo que la raíz sigue siendo lo natural. No podemos escapar del iusnaturalismo, del modo que sea, por atenuado que lo veamos.

Y esto es apoyar a la democracia en nuestra sociedad, y profundizar en el republicanismo. Porque este último exige el cultivo de ciertas virtudes cívicas. Y entre ellas está la de interesarse en las discusiones, lo cual implica hacer reflexiones sobre los temas que conciernen a los ciudadanos.

Conclusión

Nos hemos preguntado acerca de la relación de la política con la ética. Muchas veces se ha pensado que la primera puede estar libre de la segunda, inclusive que le estorba, porque pone frenos a la ambición y al poder. Pero eso es precisamente lo que se necesita en la sociedad, sentido de los límites, para poder dar sus justas dimensiones al actuar político de modo que no se salga del obrar moral o ético.

Necesitamos esa conciencia, ese escrúpulo que nos recuerde la búsqueda del bien común, más allá del personal. Para que los intereses individuales se fusionen con los de los demás, y de esta manera podamos decir que estamos procurando el bien de la mayoría, incluso el de todos.

Ya mucho será recobrar esa conciencia de la ligazón que tiene la política con la ética. Recordarle que no está sola, que no puede actuar como si no le importara la otra, es decir, los cauces del bien y de la justicia, los de una sociedad equitativa que da a sus ciudadanos espacio para que lleven una vida buena, lo más posible llena de felicidad.

CAPÍTULO 7

Filosofía hermenéutica de la educación

Introducción

Abordaré aquí el delicado problema de la educación. Lo haré a través de la filosofía y, sobre todo, con una de sus ramas, a saber, la hermenéutica. Ella nos enseña a interpretar, y es algo que tenemos que hacer con nuestros alumnos, ya que es lo que ellos hacen con nosotros. Si en el aula logramos una interpretación correcta de ellos, podremos satisfacer sus necesidades y legítimos deseos de aprendizaje, es decir, les daremos el conocimiento suficiente de la materia y, además, lo que ellos mismos demanden para desarrollar creativamente.

7.1. Hermenéutica y pedagogía

El mundo actual nos presenta un programa para aplicar la teoría del conocimiento a la acción. Concretamente, a la praxis efectiva, a la vida en comunidad o sociedad, a la vida cotidiana en la que nos desenvolvemos. Se da cuenta de que atravesamos por crisis muy fuertes, debidas a la tecnocracia que nos ha invadido, y que lleva consigo violencia, tanto práctica, en la vida cotidiana, como teórica, en la filosofía reciente. En todo caso, ha implicado violencia contra la filosofía misma, y contra todo intento de emancipación y autorrealización.

En esta línea, se comienza por analizar el lenguaje. Hay razón en ello, pues esto interesa a la epistemología, y la semiótica le está adherida. En efecto, el lenguaje va junto con el conocimiento.[1] Por eso recientemente se ha hablado de un lenguaje incluyente, que se propone para lograr una mayor convivencia en la colectividad. Actualmente es un tema que está a discusión, y algunos han tomado posición al respecto. Hay propuestas hacia ambos lados de ese debate. Esto es importante, pues con nuestras prácticas lingüísticas influimos en la sociedad; la estamos construyendo con el modo en que hablamos. Los actos de habla producen cosas, sobre todo fabrican comunidad, y es dentro de ella donde los ponemos por obra, pasamos a la acción. Ojalá que no nos quedemos en las palabras, sino que pasemos a las acciones. Y tratemos de que la igualdad social sea efectiva.

El habla depende del conocer. Y, ya que del conocimiento se trata, tomemos en cuenta que se ha hablado de *conocimiento de frontera*, esto es, se avizora una epistemología que rebasa los paradigmas usuales, en busca de nuevos horizontes.[2] Asimismo, esto se conecta con nuevas formas de significar, es decir, con el tema del lenguaje y sus estructuras, como se acaba de mencionar en el parágrafo anterior. Es importante pensar en ese conocimiento de frontera, incluso en una epistemología fronteriza, ya que solamente los que han pasado la línea de frontera han cambiado los paradigmas, es decir, han creado algo, y eso es necesario para hacer avanzar el conocimiento. En ese registro, Luis Eduardo Primero Rivas señala como conocimiento de frontera la investigación que se viene realizando en el marco de la hermenéutica analógica.[3] En efecto, ella va junto con un realismo analógico, que ha sido ubicado en la corriente del nuevo realismo (Maurizio Ferraris, Markus Gabriel, Quentin Meillassoux y otros).

---

[1]   M. Beuchot, "Hermenéutica analógica y educación", en J. Esteban Ortega (ed.), *Cultura, hermenéutica y educación*, Valladolid, España, Universidad Europea Miguel de Cervantes, 2008, pp. 157 y ss.

[2]   L. E. Primero Rivas, "Avances de la pedagogía analógica de lo cotidiano: el peso de la psicología para la acción educativa", en J. Esteban Ortega (ed.), *op. cit.*, pp. 167 y ss.

[3]   L. E. Primero Rivas, "La filosofía de Mauricio Beuchot", en L. E. Primero Rivas (coord.), *La hermenéutica educativa de la salud mental*, México, Universidad Pedagógica Nacional, 2008, pp. 143 y ss.

Por otra parte, el lenguaje y el conocimiento se conjuntan en la educación, pues en ella se enseña a conocer y a hablar correctamente. De ahí que se tenga que abordar el tema de la pedagogía. Ya desde el inicio, en ella hace falta definir la educación, pues sin ese esclarecimiento fundamental no se puede comprender bien la acción educativa. Si no se aprende epistemología, no se va a comprender el dinamismo del conocimiento humano; y, si no se le posee, no se podrá ejercer la enseñanza convenientemente, pues enseñar consiste en llevar al alumno a aprender a reproducir lo que el maestro ya ha realizado y llevado a cabo en sí mismo. El profesor enseña lo que él ha realizado en su propio camino o proceso vital.

Lo anterior nos lleva a analizar la educación tal como se halla en el Sistema Educativo Nacional, y nos damos cuenta de que está muy reducida; por eso varios especialistas han propuesto ampliarla hacia algo más abarcador y benéfico para los estudiantes. Un caso de lo que se propone es preparar a los alumnos para la vida, y con eso la escuela tiene que ampliarse hacia el hogar, en una educación para la cotidianidad, una pedagogía de lo cotidiano. En realidad, el aprendizaje comienza desde la casa, antes de la escuela, o, si se prefiere, la casa en una especie de escuela, ahora que incluso se plantea la posibilidad de una enseñanza desescolarizada, más llevada a la vida, fuera del aula.[4]

Primero Rivas ha abordado, como es lógico, la metodología y la epistemología de esa pedagogía de lo cotidiano, ya que es su propuesta.[5] Pero podemos decir que ese mismo enfoque repercute en cómo serían la metodología y la epistemología vistas desde la pedagogía de lo cotidiano. Tendrán una apertura mayor de la que encuentran en la sociedad actual. Así como se ha desarrollado, por ejemplo, por Agnes Heller, una sociología de lo cotidiano, y de que en París existe un Centro de Estudios sobre lo Actual y lo Cotidiano (CEAC, La Sorbona-París V), donde labora el sociólogo Michel Maffesoli, ahora toca aplicarla a la docencia, para lograr una educación más

---

[4] A. Ornelas Huitrón, "Potencial de la hermenéutica analógica en la educación familiar actual", en J. Esteban Ortega (ed.), *op. cit.*, pp. 177-191.

[5] L. E. Primero Rivas, *Epistemología y metodología de la pedagogía de lo cotidiano*, México, Primero Editores, 2002, pp. 125 y ss.

abarcadora. En México esto ha cobrado un matiz propio de la América Latina, es decir, tendiente a preparar a los alumnos para afrontar la ardua cotidianidad de estas latitudes, por su complejidad y las dificultades de toda índole que contiene.

La pedagogía promueve una imagen de ser humano, por eso tiene una antropología filosófica que le subyace. De acuerdo con ello, más vale ser conscientes de ese modelo de hombre que se tiene, para no estar reproduciendo uno que no se desea. Hay que evitar las consecuencias nefastas que se derivan de no darse cuenta del paradigma de ser humano que se está fomentando. Por eso el pedagogo está obligado a conocer y a desarrollar una filosofía del hombre que sea conveniente a la sociedad en la que se desenvuelve.

Primero Rivas quiere oponer la pedagogía de lo cotidiano a lo que llama la barbarie renacida. Y es que, en verdad, hay un nuevo salvajismo, que encontramos en muchas manifestaciones de la sociedad actual. Violaciones a los derechos humanos, ruptura de los vínculos de afecto entre las personas, violencia por todas partes, etcétera. Todo eso se puede combatir si desde la vida diaria enseñamos, a los que aprenden, a cambiar esos patrones de conducta y elegir otros mejores, que nos lleven a un nuevo humanismo. Hubo un tiempo en que, después de las grandes guerras, se veía al mundo arrepentido y buscando rehacer el humanismo, entendido como la valoración del ser humano; pero ahora tenemos otra clase de guerra, igual de grande, pero de diferente índole: es una guerra contra el sinsentido, en la que hemos sido derrotados, y necesitamos una nueva fuente de significado, construir un humanismo renaciente. Ya Leopoldo Zea hablaba de esa barbarie, y desde antes Samuel Ramos buscaba un nuevo humanismo.[6]

Por eso lo que Primero Rivas y yo hemos llamado "pedagogía analógica de lo cotidiano" puede vencer a la filosofía de la ignorancia. Precisamente porque la filosofía actual ha ignorado la cotidianidad, y es lo que más nos compete, es en la que estamos metidos de manera más permanente y,

---

[6] L. Zea, *Discurso desde la marginación y la barbarie*, México, FCE, 1990; S. Ramos, *Hacia un nuevo humanismo*, México, La Casa de España en México, 1940.

a veces, de modo problemático. Esa filosofía de la ignorancia repercute en toda la cultura, pues implica no un no poder saber, sino un no querer hacerlo, y eso es más grave. Se tienen los medios para conocer los avances de la ciencia y la técnica, pero no se desea acudir a la filosofía que nos dé un mejor humanismo, sino a una que apoye esos "logros" que se han alcanzado, esto revierte en la misma ignorancia de lo humano de la que se queja nuestra época, la cual no es otra cosa sino un tiempo indigente.

Nuestro momento nos exige una reflexión muy urgente acerca del mundo actual, que pasa por crisis muy duras (tecnocracia, violencia, sinsentido, etcétera.), y se le puede responder con una pedagogía de lo cotidiano y la epistemología que la acompaña. Todo eso para lograr una filosofía más amplia, más abierta, a la vez que seria y exigente. Porque solamente una filosofía así nos puede asegurar una situación benéfica y adecuada.

El tiempo actual es un tiempo indigente, como lo llamó Karl Löwith, y no ha habido quien lo remedie.[7] Sin embargo, no por eso hemos de rendirnos y quedarnos con los brazos cruzados; hay que enarbolar valientemente la bandera de la filosofía, para realizar la reflexión que hace falta, y lograr las respuestas que nos acerquen a una solución. Ya con eso habremos conseguido bastante.

Las crisis son útiles, si nos hacen reaccionar de manera positiva. Por eso hemos de hacer esa meditación sobre el mundo actual. Será muy oportuna, dado lo que hemos dicho del tiempo en que estamos. La filosofía contemporánea necesita salir del marasmo y de la crisis, y para ello un recurso adecuado es la pedagogía de lo cotidiano, estructurada con una hermenéutica analógica y con el realismo que la acompaña, en una nueva epistemología.

Si sabemos aprovechar la crisis y movilizarnos, habremos conseguido algo y aportado algo a la situación actual. No podemos cegarnos ante la realidad, o pretender que no la percibimos. Nuestra obligación como filósofos, en la línea de la hermenéutica, es buscar el sentido de la historia. De

---

[7] K. Löwith, *Heidegger, pensador de un tiempo indigente. Sobre la posición de la filosofía en el siglo xx*, Buenos Aires, fce, 2006, pp. 155 y ss.

otra manera, aparecerá como un conjunto de acontecimientos absurdos y decepcionantes. Al menos tenemos que pensar lo más positivamente que podamos. Levantar el ánimo a nuestra gente, y dar un optimismo que no sea como el de Pangloss, en la novela *Cándido*, de Voltaire, con la que se estaba burlando así de Leibniz y de lo que consideraba un optimismo ingenuo y fantasioso, fatuo; sino que debemos tener uno que sea esperanzado y al mismo tiempo asentado en la realidad. Es decir, con límites. O sea, proporcional, analógico.

Un optimismo fundado, esto es, realista pero abierto, a saber, esperanzador, es lo que necesitamos para este tiempo indigente. Es menesteroso de sentido, pide su limosna axiológica, algunos valores, para agarrarse de ellos y no ahogarse. Como tabla salvadora en el naufragio, la filosofía se nos presenta en medio del maremágnum. Sobre todo, la hermenéutica, que es la encargada de develar el sentido, de señalarnos la dirección, para no perdernos.[8] Es el mapa y la brújula para caminar.

Ya no hay tiempo para transitar por sendas que no llevan a ninguna parte; es el momento de recuperar el camino que conduce al destino. No podemos demorarnos en el extravío. Hay prisa por avanzar, y a eso ha de ayudarnos la filosofía. Es el trabajo que se le ha encomendado desde antiguo. Jugando con los dos polos del signo —según Frege—, a la ciencia le ha tocado sobre todo la *referencia*, y a la filosofía, sobre todo el *sentido*.

7.2. Pedagogía y virtudes

En la filosofía reciente se ha visto un retorno del concepto de virtud.[9] Un ejemplo claro es la ética de virtudes. Se ha señalado que en nuestro tiempo

---

[8] J. Grondin, *Del sentido de la vida. Un ensayo filosófico*, Barcelona, Herder, 2005, pp. 121 y ss.; M. Beuchot, "Sobre el sentido de la vida, desde una hermenéutica analógica", *Notandum*, vol. XIV, núm. 25, Universidade Federale de Sao Paulo–Universidade do Porto, enero-abril, 2011, pp. 9 y ss. y "Obertura. El sentido hermenéutico de la vida humana", en A. Ortiz-Osés, B. Solares y L. Garagalza (eds.), *Claves de la existencia. El sentido plural de la vida humana*, Barcelona, Anthropos, 2013, pp. 31 y ss.

[9] G. Vidiella, "El lugar de la virtud en las teorías éticas contemporáneas", en D. H. Arias Gómez y R. A. López (eds.), *Virtudes en la escuela. Reflexiones, prácticas, discursos*, Bogotá, Universidad La Salle, 2015, pp. 15 y ss.

ha habido principalmente dos corrientes de filosofía moral: el kantismo y el utilitarismo. Kant apreciaba la noción de virtud, como se ve en su *Metafísica de las costumbres*; sin embargo, dio preferencia a los imperativos, esto es, a las normas universales. Esto repercutió en John Rawls, con su teoría de la justicia, y en Apel y Habermas, con su ética del discurso. En ambos casos se buscaba una ética universalista.

En el caso del utilitarismo, Bentham se aparta del deontologismo kantiano, así como de su ética autónoma, considerada así porque era el deber por el deber, y no por algún otro interés. En cambio, Bentham hablaba de una finalidad de la moral, a saber, la felicidad, que él parafraseaba como placer, en nombre de la utilidad. Solamente Stuart Mill apreció la noción de virtud, pero en esta corriente se prefería el beneficio de todos, la utilidad de todos, también con pretensión de universalidad (al menos la mayoría).

Pero se ha visto que tanto el kantismo como el utilitarismo son insuficientes. Una de las corrientes que ha hecho captar esto es la moderna bioética. Para tomar decisiones acerca de la enfermedad y la muerte, no bastan los principios usuales, como el de respetar la autonomía del paciente, buscar su beneficio, etcétera, sino que dependen mucho del carácter del médico, es decir, de su formación y sus virtudes.

Otra corriente que ha influido es el feminismo, que ha señalado en las éticas usuales la falta de sensibilidad y de imaginación propias de las mujeres y que estas éticas usuales han preferido la aplicación de principios, muy propia de la manera de ser de los varones; mientras que las mujeres atienden más al detalle, incluso al caso. Y esto solamente se alcanza con una ética de virtudes. Esto lo han señalado Carol Gilligan, Martha Nussbaum y Amelia Valcárcel.

Otro factor que ha influido en esa vuelta de la virtud ha sido la filosofía política, en su modalidad de republicanismo, ya que esta corriente se basa mucho en las virtudes cívicas que el individuo debe desarrollar para vivir en sociedad, y que ésta sea democrática. Participar en los debates públicos, buscar el bien común y no sólo el interés particular, entre otras cosas, son producto de virtudes. Esto lo han señalado Victoria Camps y Ambrosio Velasco.

Inclusive, se puede decir que la ética de virtudes no desplaza ni suple la ética de principios, sino que la complementa. Así como se dijo que el kantismo y el utilitarismo tenían insuficiencias, así la ética de virtudes viene a colaborar para superarlas. Y es un perfecto acompañante de lo anterior.

Queda el problema de cómo enseñar la virtud. Se ha explorado el hacerlo desde una ética del cuidado, en contra de nuestra cultura o *ethos* completamente de mercado.[10] Es decir, con una ética humanista, que cultiva las virtudes en los individuos mediante prácticas de cuidado de sí mismo y de los demás. Inclusive, se ve la educación como un aspecto de la ética del cuidado. Esto se basa en la ética del cuidado de Carol Gilligan, que Nel Noddings adaptó como base de la educación moral. Es una práctica racional, pero centrada en el cuidado.

Gadamer hablaba de la educación como formación *(Bildung)*, y esto implica forjarse, en el conocimiento de sí mismo y la convivencia de los demás. La didáctica de este proceso tiene dos dinámicas: reconocer-se y escribir-se. La primera consiste en comprender y valorar la propia vida, interiorizarse, en este mundo en que se vuelca todo al exterior. La segunda es otro aspecto de la fidelidad, y reside en aprender a narrar nuestra vida, desde la infancia. Inclusive para resignificar elementos del pasado en el presente, y para proyectar el futuro. Todo esto debe llevar al respeto de las trayectorias históricas de las personas.

Algo muy importante que se ha redescubierto en la actualidad, pero que es muy antiguo, es que la manera de enseñar las virtudes es mediante el ejemplo.[11] Se pueden dar directrices, incluso normas, pero tiene que intervenir la ejemplaridad de quien enseña para que el que estudia aprenda. Porque la enseñanza-aprendizaje de la virtud es mediante modelos, ya que se trata de algo práctico.

El ejemplo es importante, pero requiere además la reflexión; no se trata de una imitación mecánica, sino racional:

---

[10]   R. A. López Díaz, "La didáctica de las virtudes: un escenario para cuidar de sí y cuidar del otro", en D. H. Arias Gómez y R. A. López (eds.), *op. cit.*, pp. 29 y ss.

[11]   D. R. León López, L. Torres Herrera y G. Suárez Castañeda, "Entre la norma coercitiva y la norma permisiva: tensiones de la normativa escolar", en D. H. Arias Gómez y R. A. López (eds.), *op. cit.*, pp. 81 y ss.

El ejemplo no basta. No siempre se le puede concebir como una acción positiva, debido a que es encarnado por personas concretas y porque también hay malos ejemplos. Si los estudiantes no desarrollan una capacidad reflexiva crítica ante las situaciones propias de la cotidianidad, si no disciernen sobre los tipos de prácticas que enfrentan, si no desarrollan el criterio necesario para saber juzgar y elegir, no podrán ser capaces de reflexionar y optar entre las acciones buenas o malas.[12]

Sigue siendo crucial el ejemplo en la educación en virtudes, sólo que tiene que acompañarse por la reflexión racional y crítica, lo cual es muy claro, ya que lo otro sería una imitación mecánica, que no forma, así es que se necesita una imitación inteligente.

Hannah Arendt hablaba de que la educación no sólo debe pretender ser innovadora, sino también conservadora de valores y costumbres que son buenas; en todo caso, habría que renovar, esto es, dar a lo antiguo un sesgo nuevo, para adaptarlo a la contemporaneidad. Hay que mantener la disciplina, pero con flexibilidad, para que los alumnos aprendan a aplicarla a los casos concretos, y no de una manera rígida (otra vez, mecánica).

En la enseñanza de la normatividad, tienen que conjuntarse las normas y el ejemplo. Los maestros, además de enseñar normas a los alumnos, deben esforzarse por dar el ejemplo de cumplirlas, llevarlas a la práctica.

Un caso de esto es la formación de virtudes cívicas. Éstas deben cultivarse desde la escuela, como preparación para la vida pública en la sociedad.[13] La escuela puede ser vista como una sociedad en pequeño, y en ella se manifiestan los caracteres de los alumnos, y también se puede aprovechar para formarlos en esa línea de la democracia. Es una educación en la escuela para lo que se da fuera de ella. La no-escuela es el mundo social y político, pero hay que preparar para la actuación en él.

---

[12] *Ibid.*, p. 84.

[13] D. H. Arias Gómez, "La formación de las virtudes cívicas en la escuela: el lugar de la realidad no escolar", en D. H. Arias Gómez y R. A. López (eds.), *op. cit.*, pp. 99 y ss.

Virtudes como la obediencia, que no debe ser irracional, sino bien fundamentada, comienzan a formar las virtudes cívicas del niño, pues aprenderá a obedecer y seguir a quien da muestras de llevar al bien. Formar el carácter, el criterio, la prudencia, son cosas que hay que hacer desde la escuela, como preparación para la vida fuera de ella. Sobre todo, hay que formar en la atención al otro, y no únicamente a uno mismo. Poder ser solidario, no solitario, y participar lo más posible en la vida de la sociedad; además, compartir, no competir; esto se inicia con la participación en la escuela en los debates, votaciones y acciones comunitarias.

Hay que enseñar al alumno a tomar conciencia de su momento histórico y qué es lo que necesita. Ayudarlo a valorar los derechos humanos, las instituciones correctas, las prácticas que de verdad conducen al bien común. Es algo que tiene que hacerse a nivel institucional, curricular y personal.[14]

7.3. Educación hermenéutica y analógica

Se trata de una educación en virtudes, que completa la educación en las normas e, incluso, en valores. No la suplanta, sino que le sirve de complemento. En efecto, puede decirse que esta formación de virtudes también acompaña a la educación en valores, ya que los valores son abstractos, y las virtudes son concretas y prácticas, de modo que los llevan a la vida cotidiana. Un ejemplo claro de esto es Adela Cortina, que combina ambas perspectivas: educación en valores y formación de virtudes.

De hecho, el concepto de virtud ha vuelto no solamente al campo de la ética, sino también al de la epistemología y al de la pedagogía. En epistemología, hay una célebre corriente de la que forma parte Ernesto Sosa, profesor de origen cubano, radicado en Estados Unidos (Universidad de Rutgers). Es la epistemología de virtudes, que está siendo cultivada en el Instituto de

---

[14]   *Ibid.*, p. 111.

Investigaciones Filosóficas de la Universidad Nacional Autónoma de México (UNAM), sobre todo por Miguel Ángel Fernández y Margarita Valdés.[15]

En esta epistemología se trata de formar en los investigadores virtudes epistémicas, tales como la parsimonia en la experimentación, la observación cuidadosa, el lanzamiento de buenas hipótesis, la buena argumentación, etcétera. De esta manera se evitan muchos problemas de la epistemología tradicional, y se les da mejor solución, como al problema del realismo, del escepticismo, entre otros.

De modo que no se trata solamente de enseñar a hacer teorías científicas, sino a tener los presupuestos para que sean buenas, consistentes y fructíferas. Interesa mucho la fecundidad, la creatividad y otras virtudes que hacen de la ciencia un mundo más humano. Es una corriente que ha ganado numerosos adeptos y que está siendo cultivada en varias partes del mundo.

Esto ha marcado la enseñanza universitaria, pues ya no se ve la ciencia como un conjunto de teorías, sino como un conjunto de prácticas. Esto lo hizo Wittgenstein con la filosofía, a la que vio como una actividad de esclarecimiento lingüístico, o conceptual. Y ahora se ha extendido a la ciencia, que es un ámbito en el que la acción comprensiva y la acción comunicativa tienen un lugar que antes no tenían.

En verdad, las virtudes han llegado a la pedagogía, y tienen teóricos como David Carr, quien habla de una pedagogía de virtudes, esto es, de una educación en la que se promueven virtudes en el alumno, y no sólo se le dan contenidos.[16] Las virtudes son hábitos, y esto es lo que se trata de hacer con la enseñanza, tiene el sentido de formación.

En esta modalidad de la pedagogía, en esta enseñanza o formación de virtudes, cumple un papel relevante el ejemplo, que, por supuesto, tiene que ir acompañado de la reflexión racional, pues se dirige a formar el juicio.[17] Es decir, en cada disciplina se tiene que lograr la capacidad de juicio

---

[15] M. Á. Fernández y M. M. Valdés (comps.), *Normas, virtudes y valores epistémicos. Ensayos sobre epistemología contemporánea*, México, UNAM, 2011.

[16] D. Carr, *Educating the Virtues. An Essay on the Philosophical Psychology of Moral Development and Education*, Londres-Nueva York, Routledge, 1991, pp. 8-9.

[17] A. Ferrara, *La fuerza del ejemplo. Exploraciones del paradigma del juicio*, Barcelona, Gedisa, 2008, pp. 69 y ss.

adecuado. Por ejemplo, el buen médico es el que elabora juicios acertados acerca de sus pacientes; el ingeniero, juicios correctos sobre lo que construye; el filósofo, adecuados juicios filosóficos, etcétera.

Es algo antiguo esta idea de que la educación consiste en formar el juicio, pero hizo falta que volviera el paradigma del juicio para hacernos conscientes de eso. Así, Hannah Arendt recupera el juicio prudencial de Aristóteles y lo hace coincidir con el juicio reflexionante de Kant. Pero, a diferencia de este último, esa filósofa nos dice que con esos juicios aproximativos no solamente hacemos estética, sino también ética y filosofía política.

Y hay que educar esa facultad de juzgar, hay que formar la capacidad de juicio, para que la enseñanza tenga un sentido. Entra, por eso, la ejemplaridad de los maestros, que son paradigmas para los alumnos, y por imitación sensata forman en ellos parecidos de familia, y se analogan con ese paradigma o modelo de investigador.

Así, se trata de un nuevo uso de la analogía, de ese concepto de semejanza proporcional o identidad parcial que habita en estas teorías pedagógicas. Al seguir el ejemplo de alguien que funge como paradigma para nosotros, nos estamos analogando a él; cuando imitamos a un clásico, nos estamos analogando a él; y cuando seguimos a un maestro, nos estamos analogando a él. Así asimilamos sus virtudes, es decir, nos hacemos semejantes a ellos, logramos la analogía con ellos.

De manera especial, una pedagogía de virtudes echa mano de la analogía, pues no solamente imitamos el ejemplo de los maestros, sino que lo hacemos con reflexión racional y crítica, pues no podemos imitarlos unívocamente; eso sería algo mecánico y empobrecedor. Inclusive el concepto de imitación o deseo de mímesis, que tanto difundió René Girard, es un concepto analógico, pues, si se realiza unívocamente, lleva al celo y a la rivalidad; en cambio, entendido analógicamente, mueve al afecto y a la cooperación.[18] Es lo que se necesita para formar equipo: colaborar, no competir.

Un ejemplo de imitación fue el que se dio en la literatura. Así tenemos a los poetas renacentistas, que imitaban a Petrarca, pero no lo hacían

---

[18] N. Lucia, "Il desiderio mimetico in René Girad", *Sapienza*, vol. 63, 2010, pp. 181 y ss.

unívocamente; lo hacían analógicamente, y por eso guardaba cada quien un monto de creatividad muy considerable. Era una mímesis analógica, que introducía innovación. Todos eran algo llorones, como su mentor; hasta parecían llorar la orfandad en la que los había dejado; pero cada quien lograba hacerlo de manera creativa.[19]

Conclusión

De lo anterior se deduce que la hermenéutica puede ayudar al trabajo de la educación. Se ha hecho muy presente en la actualidad una pedagogía de virtudes, es decir, enmarcada en la noción de virtud. Se forman capacidades y hábitos en los alumnos, que les permitan desenvolverse bien en el campo de la ciencia y en el de la praxis social. Esta educación en virtudes es complemento de la educación en teorías y en valores. En esa didáctica ocupará un lugar importante el ejemplo, pero imitado con reflexión racional y crítica. Y, dado que en esa acción nos asemejamos a los modelos o paradigmas elegidos, se trata de una hermenéutica analógica aplicada a la educación.

---

[19] I. Navarrete, *Los huérfanos de Petrarca. Poesía y teoría en la España renacentista*, Madrid, Gredos, 1997, pp. 298 y ss.

<h1>Capítulo 8</h1>

<h1 align="center">Reflexión sobre la vejez: según
el De senectute de Cicerón</h1>

Introducción

En estas páginas me propongo reflexionar acerca de la vejez, siguiendo a Cicerón en su diálogo *De la senectud (De senectute)*. Éste, junto con el que dedicó a la amistad, ha sido muy leído y reconocido. Nuestro escritor clásico decía que, cuando lo escribió, ya estaba en esa edad, y por eso nos da consideraciones muy oportunas, claramente ubicadas en su tiempo, pero creo que sirven para hoy, como trataré de hacerlo ver al final de este escrito.

8.1. Contexto histórico

Cicerón es más conocido como orador y como jurista, pero también se dedicó a la filosofía, especialmente a la ética y la política. A sus escritos morales pertenece uno que dedicó a la meditación sobre la vejez. Nuestro autor recibió el influjo de los académicos, esto es, de los sucesores de la Academia Platónica, la cual había caído en un escepticismo moderado. También le llegó el de los aristotélicos, aunque en menor cuantía. Principalmente atendió a los estoicos, que profesaban una doctrina seria y muy severa, pero él la balanceaba con el epicureísmo, invitador a los placeres, aunque sobre todo a los espirituales.

Marco Tulio Cicerón nació en Arpino, Italia, en 106 a. C.[1] Estudió en Roma, primero dialéctica, con el estoico Diodoto. A éste le tuvo cariño, y cuando se hallaba ciego y anciano lo acogió en su casa, hasta que murió. También se formó con Filón de Larisa y Antíoco de Ascalón, académicos. A Filón le tuvo gran aprecio, pues de él dice que lo arrastró a la filosofía. Así se entregó a la lectura de Platón, Aristóteles, Crantor, Panecio de Rodas, Clitómaco, Dicearco y otros más, principalmente griegos. De todos ellos sacó notas *(agrapha)*, con las que escribió sus libros filosóficos ya viejo. En 85 se inició como abogado, y pronto ganó prestigio de gran orador romano.

Por los años 79-77 realizó un viaje de estudios por Grecia y Asia. En Atenas escuchó las clases de los filósofos epicúreos Fedro y Zenón, así como en Rodas las de Posidonio de Apamea, estoico. También siguió a otro académico, Antíoco. A estos dos últimos los quiso mucho, hasta el punto de acogerlos como huéspedes en su casa. En Atenas había encontrado a los alumnos de su maestro Filón, entre ellos a Antíoco, a quien se consideraba el más prestigioso sabio de la antigua academia. Él ejerció un influjo muy fuerte sobre Cicerón. Entre 81 y 49 nuestro pensador romano se dedicó a la política, y tuvo varios cargos. Apoyó a Pompeyo y, cuando éste perdió, César lo perdonó generosamente. Entonces se retiró a sus villas de Tusculum y Astura, para dedicarse a la filosofía y a escribir sus libros sobre esa materia, principalmente sobre ética y filosofía de la religión. Fue durante la dictadura de César cuando escribió tanto, y son las obras que le han dado más lustre. Buscaba la consolación de la filosofía.

Muerto César, apoyó a Octavio, dirigiendo contra Antonio sus célebres filípicas, en 44. Antonio consiguió que se le declarara proscrito, y Cicerón se dio a la fuga, pero los esbirros de aquél lo alcanzaron en Formia y lo asesinaron. Era el año 43 a. C.

En su retiro, tres años antes de su muerte, fue cuando Cicerón escribió la mayor parte de sus textos filosóficos. Se dedicó, sobre todo, a exponer la filosofía griega, pero llegó a pensar que los romanos debían independizarse

---

[1]   R. Mondolfo, *El pensamiento antiguo. Historia de la filosofía greco-romana. II. Desde Aristóteles hasta los neoplatónicos*, 6a. ed., Buenos Aires, Losada, 1969, pp. 173-182; J. A. Peñalosa, "Prólogo", en Cicerón, *Los oficios o Los deberes, De la vejez, De la amistad*, 6a. ed., México, Porrúa, 1987, pp. vii-xxiii.

de ella y tener su propio pensamiento. El elenco de sus obras filosóficas es: *De republica*, conservada en parte (54-51 a. C.), *De legibus*, incompleta (52), *De consolatione, sive de luctu minuendo*, quedan fragmentos (45), *Hortensius*, perdida (45), *Paradoxa stoicorum* (47-46), *Tusculanae disputationes* (45), *De natura deorum* (45-44), *De divinatione* (44), *De fato*, incompleta (44), *Academicae disputationes*, conservadas en parte (45), *De finibus bonorum et malorum* (45), *Cato maior de senectute* (44), *Laelius de amicitia* (44), *De gloria*, perdida (44), *De officiis* (44), *De virtutibus*, perdida (44), *Topica ad Trebatium* (44).

No puede decirse que nuestro personaje haya sido un gran filósofo, pero supo acoger los ideales humanistas que tuvieron los romanos. Él les da, precisamente, el nombre de *humanitas*,[2] de donde vienen las humanidades, tal como ahora las conocemos. Dentro de esos límites, su trabajo en filosofía es importante.

8.2. Los temas filosóficos

Habiendo ya delineado el contexto cultural en el que se mueve Cicerón, veamos los principales temas de su filosofía. Esto nos ayudará a comprender mejor el texto que nos interesa. Es de destacar su labor como transmisor del pensamiento helenístico.[3] De esta forma realizó un gran servicio a la cultura latina.

En el *De republica* estudia cuál es la mejor forma de gobierno, y la ve como una síntesis de las tres básicas: democracia, aristocracia y monarquía. Así se podrá brindar la justicia a todas las secciones del Estado. Y termina con una parte que se ha llamado *El sueño de Escipión*, en la que Escipión Emiliano cuenta un sueño en el que su abuelo adoptivo Escipión el Africano le revela que las acciones virtuosas serán recompensadas en otra vida.

---

[2] A. Fontan, *Artes ad humanitatem. Ideales del hombre y de la cultura en tiempos de Cicerón*, Pamplona, Publicaciones del Estudio General de Navarra, 1957, p. 90.

[3] A. Levi, *Historia de la filosofía romana*, Buenos Aires, Eudeba, 1969, pp. 73-113.

El *De legibus* aplica los principios de la obra anterior, y en ella trata el derecho natural, el sagrado y el de los magistrados.

En las *Paradoxa stoicorum* revisa algunas de las cuestiones antinómicas que esos filósofos proponían, como la de si todas las culpas son iguales, o si sólo el sabio es rico.

Las *Tusculanae disputationes*, llamadas así por el nombre de la villa de Cicerón, abordan el desprecio a la muerte, la fortaleza ante el dolor, la paciencia en la enfermedad, las pasiones del alma y la felicidad. Varios de esos temas reaparecerán en el diálogo sobre la vejez.

En el *De natura deorum*, nuestro autor examina la existencia de los dioses y su esencia o naturaleza. Analiza, además, las doctrinas de los epicúreos, los estoicos y los académicos, y adopta una postura ecléctica, parecida a la del estoico Posidonio.

El *De divinatione* está dedicado a exponer y refutar los argumentos mediante los que se quería probar la existencia de la adivinación; Cicerón lo hace con ironía muy notable.

En el *De fato* se dedica también a refutar, en esta ocasión, la doctrina estoica del destino, según la cual el ser humano está marcado por la fatalidad. Con ello abre la puerta a la libertad personal.

En las *Academicae disputationes* diserta acerca de la epistemología, resumiendo la historia de la teoría del conocimiento desde Sócrates hasta su tiempo. Expone la tesis de los académicos, que se quedaban con la probabilidad, sin pretender llegar a la certeza. Ésta será su postura propia.

El *De finibus pone* en el tapete de la discusión las diversas teorías sobre el sumo bien y su contrario, el mal.

El *De consolatione* y el *Hortensius* se han perdido. El primero lo escribió por la muerte de su hija Tulia, a la que amaba mucho; el segundo es un llamado a la sabiduría, y fue el que dice san Agustín que lo inclinó a la filosofía.

El *Cato maior de senectute* es el diálogo que trata de la vejez, en él sostiene que no es malo ser anciano. Es muy conocido, junto con el *Laelius de amicitia*, el cual expone las bondades de la amistad. Los diálogos *De gloria* y *De virtutibus* también se han perdido.

El *De officiis*, que, más que *De los oficios*, debe traducirse como *De los deberes*, trata sobre lo honesto moralmente, sobre lo útil, y sobre el conflicto entre ambas cosas. Es una especie de manual para la vida ética; por eso lo dedica a su hijo. Este libro influyó en los Padres de la Iglesia, principalmente en san Ambrosio.

Como se ve, la cantidad de obras filosóficas asegura su carácter de filósofo, y no sólo de gran orador y jurista. No obsta el que haya tenido que dedicarse a la meditación por sus desgracias, familiares y políticas, pues muestra que poseía talento para esos estudios.

Dada su variada formación, Cicerón fue ecléctico. Así, tomó lo que le servía de los pensadores griegos.[4] No es, pues, original, pero aportó muchos datos de la filosofía antigua, en particular del estoicismo medio y de las Academias segunda y tercera, pues las obras de sus cultores se han perdido. Al adaptar la filosofía griega a la romana, fue el creador del vocabulario filosófico en latín. En él predominó el probabilismo de los académicos; es decir, no llegó al escepticismo, pero fue precavido.[5] Del aristotelismo y del estoicismo tomó ideas que incorporó a la ética.

Así como no fue original, tampoco fue sistemático, pero fue un buen expositor de las escuelas y los autores, y con ello recogió y transmitió muchas doctrinas filosóficas que, de otro modo, no se habrían conocido. A veces se ha visto su eclecticismo como síntoma de la decadencia de la filosofía de su tiempo. Es que los romanos usaban la filosofía más bien como erudición y para la aplicación moral, y no cultivaron tanto las altas especulaciones. Tuvieron un carácter más práctico, orientado hacia la moral, el derecho y la política.

En el fundamental tema de la teoría del conocimiento, Cicerón se afilia a la Academia Nueva, que dirigió Carnéades entre 160 y 129. De los estoicos recibe la lógica, con todo y sus curiosas paradojas. Nuestro autor se cuestiona el criterio de verdad, el bien supremo y el último fin de la vida

---

[4] C. Nicolet y A. Michel, *Cicéron*, París, Éditions du Seuil, 1961, pp. 21 y ss.

[5] J. Pimentel Álvarez, "Reflexiones sobre la obra filosófica de Cicerón", *Nova Tellvs*, vol. 12, 1994, pp. 107-123.

humana.[6] A pesar de haberse formado en el escepticismo académico, acepta principios universales ciertos, ínsitos en el intelecto, a tono con las "nociones comunes" de los estoicos, pero con el innatismo platónico. Además, atiende mucho a las verdades que tienen el consenso de todos los pueblos.[7]

De Platón acepta la existencia de Dios, constatada en el orden del universo, y la del alma, con su carácter espiritual, inmortal y libre. Se apoya en que todas las gentes aceptaban estas doctrinas.

Casi no cultiva la física, pero concede el orden de la naturaleza, y de ahí saca una prueba de la existencia de Dios.[8] De Aristóteles acepta la concepción del mundo natural, con su finalidad cósmica o teleología universal. De los estoicos retoma la idea de una razón universal y providente, que abarca a todos los seres; además, con atenuantes, recibe sus máximas sobre el deber y las normas morales.

Su fuerte son la ética y la política, en las que influyó mucho sobre la posteridad. Copia de Platón los títulos *De la república* y *De las leyes*. De Aristóteles toma la felicidad como vida virtuosa, pero le reprocha que fue tolerante con las pasiones, por eso se adhiere más a los estoicos. Solamente adoptó muy poco, casi nada, de los epicúreos (a diferencia de los poetas latinos Lucrecio y Horacio), pues como filósofo no aceptaba su ética ambigua, y como político rechazaba su menosprecio del valor cívico.

Su ética se coloca entre el dogmatismo de los estoicos y el escepticismo de los académicos; y le añade elementos aristotélicos. De los estoicos retoma el que el bien supremo y la felicidad consisten en la virtud; y de los aristotélicos, que la vida virtuosa debe acompañarse de bienes materiales. En todo hay que regirse por la razón. La norma moral es obedecer

---

[6] M. T. Cicerón, *De los fines de los bienes y los males*, edición bilingüe, versión, introducción y notas de Julio Pimentel Álvarez, México, UNAM, 2003, vol. II, cap. V, núm. 15.

[7] M. T. Cicerón, *Disputas tusculanas*, edición bilingüe, introducción, versión y notas de Julio Pimentel Álvarez, México, UNAM, 1979, vol. I, cap. I, núm. 30.

[8] M. T. Cicerón, *Sobre la naturaleza de los dioses*, introducción, traducción y notas de Ángel Escobar, Madrid, Gredos, 1999, cap. II, núms. 37, 93.

la naturaleza humana, que representa a la naturaleza en su totalidad.[9] Para vencer las pasiones prefiere la apatía estoica más que la moderación aristotélica.

Además, del estoicismo recoge la distinción entre ley natural y ley civil. Es iusnaturalista, pues pone la ley natural como superior a la civil. Aquélla corresponde a la naturaleza humana, que es la razón, dada por Dios, y es universal por pertenecer la inteligencia a todos los hombres. Es gran defensor de esa universalidad.[10] Intermedio entre el derecho natural y el civil está el derecho de gentes, que consta de normas aceptadas por todos los pueblos, y son una aplicación de la ley natural a la civil; de ahí su obligatoriedad.

En cuanto a la existencia de Dios, Cicerón usa como prueba los dos argumentos estoicos, a saber, el orden del mundo y el consenso universal.[11] Por lo que hace a la inmortalidad del alma, junta el probabilismo académico y un cierto pragmatismo, pues tiene fe en ella como una esperanza gozosa de premios en la otra vida. Dice que prefiere equivocarse con los platónicos, que la aceptan, y no acertar con los que la niegan.[12]

Trató de tomar lo mejor de cada sistema, pero con amor a la verdad. Es ecléctico, pero con coherencia y apertura a la vez. A pesar de ser un político, no carece de estilo personal e intimista. Por eso le gustaba escribir en forma de diálogo, incluso para acercarse más a la gente. Trata de transmitir a los romanos el amor por su historia de glorias, y volver a la vida simple y aguerrida de sus ancestros.

En sus diálogos no tiene la fuerza dramática de Platón, pero maneja un estilo muy pulcro, con mucha imaginación y sensibilidad, lo que los hace accesibles y aleccionadores. Fue, por ello, un gran maestro de su pueblo. Además, fue sumamente apreciado por los medievales, a quienes facilitó el

---

[9] M. T. Cicerón, *Los oficios*, 2a. ed., traducción de Manuel de Valbuena, Buenos Aires, Espasa-Calpe, 1946, cap. I, núm. 10.

[10] M. T. Cicerón, *Las leyes*, 2a. ed., edición bilingüe, traducción, introducción y notas de Roger Labrousse, San Juan, Universidad de Puerto Rico, 1968, cap. I, núms. 6-8.

[11] *Ibid.*, cap. I, núm. 8.

[12] M. T. Cicerón, *Disputas tusculanas*, cap. I, núm. 27, pp. 39-40.

trabajo con la terminología que les dio, pues tradujo al latín los principales vocablos de la filosofía griega.

Según se ha visto, Cicerón destacó como moralista. En esa línea se coloca su libro sobre la vejez. No trata de dar recetas para tener calidad de vida en la senectud, sino para vivir bien en ella, de acuerdo con los ideales de existencia virtuosa que recibía de sus maestros.

8.3. El diálogo sobre la vejez

Su obra acerca de la senectud está escrita en forma de diálogo.[13] En ella, dos jóvenes, Cayo Lelio y Escipión Emiliano, le piden a Catón el Censor, o el viejo, que les quite el miedo a envejecer, porque han oído sobre los males de la edad avanzada, como el que los viejos son relegados de todo, el debilitamiento de las fuerzas, el no gozar de los placeres de la vida y el temor a la muerte, ya cercana. Catón les explica que todo depende de cómo se haya vivido la juventud, pues de eso provienen los males o los bienes que se cosechan en el ocaso de la vida.

Cicerón hace una introducción, en la que señala que lo que hace sobrellevar la vejez, al igual que todas las cosas, es la filosofía. Dice: "Nunca, pues, podrá ser bastante dignamente alabada la filosofía, pues quien la obedece puede pasar sin molestia toda etapa de su existencia".[14] Añade que no escribirá sobre la vejez como Aristón de Chius,[15] el cual usaba a un personaje mitológico, Titono, sino que pondrá a Marco Catón el viejo, que fue histórico, porque lo mejor es explicar con ejemplos.

En efecto, Escipión y Lelio están admirados de la resignación con la que Catón soporta su ancianidad y le piden que les enseñe a hacerlo, para cuando les llegue la vejez. Él les responde que eso depende de cómo se vivió

---

[13] Utilizo aquí a M. T. Cicerón, *Catón el mayor: de la vejez. Lelio: de la amistad*, introducción, edición, traducción y notas de Julio Pimentel Álvarez, México, UNAM, 1997.

[14] *Ibid.*, cap. I, núm. 2, p. 2.

[15] No está claro si se trata del estoico de Quíos o el peripatético de Ceos (Adolfo Levi, *op. cit.*, p. 91).

de jóvenes, y que él es sabio en eso porque, explica: "sigo como a un dios la naturaleza, óptima guía, y la obedezco".[16]

Insiste en que las molestias no son culpa de la edad, sino de las costumbres. Además, las artes o industrias y las virtudes son las armas de los viejos. En ese sentido, alaba a Quinto Fabio Máximo. Y señala los cuatro motivos por los que la vejez parece mala: *1)* porque aparta de llevar los negocios, *2)* debilita y enferma al cuerpo, *3)* priva de casi todos los deleites y *4)* tiene cerca la muerte.

Catón comienza por el primero de esos males, el de ser apartados de los negocios, y señala que no es tan cierto, ya que hay personas de avanzada edad que los llevan a cabo no con tanta fuerza corporal, pero sí con mucha prudencia, lo cual es mejor. Además, hay oficios que son propios de los viejos, como aconsejar y enseñar, que es lo que hace él con sus dos jóvenes dialogantes.[17]

En cuanto a lo segundo, el debilitamiento, Catón dice que es verdad, como se debe reconocer, que se debilita el cuerpo y disminuyen las fuerzas; pero se fortalece el espíritu, con más inteligencia, más prudencia y paciencia. Ni la inteligencia ni la memoria se opacan, si se hacen los ejercicios adecuados. Así, escribieron cuando viejos Homero, Pitágoras, Platón y Demócrito, entre otros. Además, los viejos que son sabios no son enfadosos, ni necios o iracundos, como se suele calificar a la mayoría. Por tanto, los ancianos pueden ser trabajadores y, por otra parte, aprender siempre.

Asimismo, les bastan las fuerzas que tienen para vivir bien, porque han simplificado sus modos de vida. Cada edad tiene la fuerza que necesita, y es suficiente si se sigue el camino marcado por la naturaleza para cada una. Infiere: "En consecuencia, el ejercicio y la templanza pueden conservar aun en la vejez, algo del vigor anterior".[18] De este modo, no les faltan fuerzas a los viejos, porque tienen las que necesitan y les son suficientes. Más bien hay que evitar la pereza y la somnolencia.

---

[16] M. T. Cicerón, *Catón el mayor: de la vejez...*, cap. II, núm. 5, p. 3.

[17] *Ibid.*, cap. VI, núms. 16-20, pp. 8-9.

[18] *Ibid.*, cap. X, núm. 34, p. 15.

En cuanto a lo tercero, a saber, la pérdida de los deleites, Catón dice que el viejo se libra del peso de los placeres, que van contra las virtudes. Los ancianos, con la prudencia que han adquirido y la templanza que deben alcanzar, dejan de lado esos vicios. Dios o la naturaleza han dado al hombre la razón, y con ella puede equilibrar sus apetitos. Catón cita un discurso del pitagórico Arquitas de Tarento, en el que se alaba la superación de los deleites.[19] Inclusive, asegura que prefiere carecer de éstos, para tener más fortaleza.

Además, no es ningún mal no poseer lo que no se apetece. A veces hasta ya se está harto de los placeres, y se desea una vida más sosegada, es decir, una que tenga placeres intelectuales, sobre todo el de seguir aprendiendo. Catón pone como uno de los placeres que tienen los viejos el de la agricultura, esto es, cultivar la tierra, porque eso acerca a la naturaleza. Y añade que los grandes hombres han vivido felices en ámbitos campestres, como el propio Cincinato, héroe romano.

Por lo demás, el carecer de vicios da autoridad al anciano. Pero Catón aclara que no sólo pondera los bienes de la vejez, sino que también aludirá a sus defectos. Señala los siguientes: "los viejos son malhumorados y angustiados e iracundos e intratables; y, si indagamos, también avaros. Sin embargo, estos defectos son de las costumbres, no de la vejez".[20] En efecto, argumenta que muchos jóvenes tienen esas lacras, por lo que no son privativas de los viejos; además, éstos las tienen porque así se formaron, y no por la edad.

Catón aborda la cuarta y última causa que hace pesada la vejez, la cual es la cercanía de la muerte. Pero a esto responde que también los jóvenes mueren, y de forma violenta, a saber, en alguna guerra, en alguna epidemia, por algún accidente o por alguna enfermedad grave. Además, el viejo teme poco a la muerte porque sabe que está cerca, y tiene que prepararse. Ya

---

[19] *Ibid.*, cap. XII, núm. 41, p. 18.

[20] *Ibid.*, cap. XVIII, núm. 65, p. 29.

tiene que estar listo para morir.[21] Asimismo, como un consuelo por la muerte, Catón añade algunas pruebas de la inmortalidad del alma.

De manera parecida a los pitagóricos y a Platón, dice que el alma viene del cielo, lo cual indica su eternidad. Habla de Pitágoras y de su secta, quienes nunca dudaron de que las almas procedían de la mente divina. Menciona a Sócrates y el discurso que éste hizo el mismo día de su muerte, a favor de la inmortalidad. Alega que tantos inventos, ciencias y artes del hombre sólo pueden venir de algo que no sea mortal. Con Platón señala que el alma tiene un movimiento continuo, por lo que no tiene principio, ni tendrá fin. Asimismo, el alma es simple, no está compuesta de elementos, y lo que es simple no puede descomponerse, esto es, morir. Son argumentos platónicos, según él mismo lo admite.[22] También refiere un discurso de Ciro antes de fallecer, reportado por Jenofonte, en el que dice que su alma permanecerá después de su separación del cuerpo, el cual sí se descompone. Catón acaba ponderando las grandes acciones, que deben tener un premio en la otra vida y en la memoria de las gentes.

8.4. Reflexiones contemporáneas

Tal es la idea de la vejez que tuvo Cicerón, cuando según él mismo ya era viejo. Las razones que pone en boca de Catón el mayor, anciano también y aún más, dan la impresión de ser un consuelo de los males de esa edad, semejante a lo que acostumbraban los estoicos. Se refiere a otros que habían escrito sobre ella; "se ha pensado [...] en Posidonio, en Teofrasto y en un tratado popular derivado, tal vez, de una diatriba de Bion. Como fuente primitiva puede considerarse un texto de la *República* platónica (I, 328 ss.). A algunos pasajes se les relaciona con Jenofonte".[23]

---

[21]   *Ibid.*, cap. XX, núm. 74, p. 33.

[22]   *Ibid.*, cap. XXI, núms. 77-78, pp. 34-35.

[23]   A. Levi, *op. cit.*, pp. 91-92.

A partir de las ideas expuestas por Cicerón, quisiera hacer algunas reflexiones. Su diálogo parece tener una gran actualidad, ya que seguimos quejándonos de las mismas cosas. Por sólo retomar las cuatro que mencionaba Catón, podemos meditar en ellas.

La primera consistía en que al viejo se le excluye de los negocios, es decir, de las actividades importantes. Y esto sucede profundamente ahora, ya que en la actualidad tenemos el fenómeno social y antropológico de la jubilación, que afecta a muchos de edad avanzada. Se da el "síndrome del jubilado", por el que quien ha sido separado de su trabajo se deprime psicológicamente, se siente inútil, y se hunde en la inactividad. Pero esto se puede superar, ya que el jubilado es capaz de ser benéfico para la sociedad de otra manera, con un trabajo que más bien se cifra en aconsejar y enseñar a los otros, brindarles la experiencia que él ha acumulado. Es una especie de sabiduría que puede ofrecer a los de menos edad. Inclusive, le sirven los sufrimientos que ha padecido y los fracasos que ha tenido, pues ayudan a evitar repetirlos. Es la idea del mismo Cicerón de que la historia es maestra de la vida *(magistra vitae)*, porque nos enseña a no repetir los errores y a aprovechar los éxitos.

En el fondo está la idea de Hannah Arendt de que, en la actualidad, la vida activa ha devorado la vida contemplativa. A saber, la vida es el valor superior, como lo dice esta autora citando a Cicerón;[24] pero añade que, por desgracia, el *homo faber* se ha convertido en *animal laborans*.[25] Nuestra filósofa deplora esto, porque señala que la vida activa se nutre de la contemplativa. Es la reflexión profunda la que dirige la acción para que sea efectiva y además buena u honesta. Pero aquí es donde me parece que entra la colaboración de los de edad provecta, pues son más dados a la meditación que a la acción, y con su pensamiento (basado en su experiencia y en su raciocinio) pueden iluminar a los jóvenes.

En cuanto a la segunda dificultad, que la vejez debilita las fuerzas y trae enfermedades, podemos decir que la medicina contemporánea ha

---

[24] H. Arendt, *La condición humana*, Barcelona, Paidós, 1998, pp. 338 y ss.

[25] *Ibid.*, p. 344.

dado más longevidad y calidad de vida a los seres humanos que en tiempos de Cicerón.

Por lo que hace a la tercera dificultad, que la vejez priva de los deleites, es posible afirmar que, en este tiempo de tanto hedonismo, en el que el placer es a veces el valor máximo, la experiencia de los ancianos sirve para restarle presencia y dejar sitio a otros valores que son igual de importantes o más, como los placeres de la cultura, ya sean de la ciencia o del arte.

El cuarto motivo de dificultad es la cercanía de la muerte. Pero se puede pensar que un anciano debe estar preparado para ella. En todas las especies los viejos desaparecen para dejar lugar a los nuevos. Además, se puede recurrir a la psicología, a la filosofía o a la religión para quitar esa angustia. Por algo en los libros de desarrollo humano se habla de la vejez como el tiempo de la plenitud o de la desesperación. Tiene que optarse por alguna de las dos alternativas. Y la mejor es la primera.

La reflexión sobre la vejez siempre será oportuna, en especial para los que ya nos encontramos en ella. De jóvenes es difícil que se piense en la senectud y en la muerte. Más bien se vive como si esas dos cosas nunca fueran a suceder. Pero la consideración de ella servirá tanto a viejos como a jóvenes. No en balde Platón consideraba la filosofía como una meditación sobre la muerte, que era lo mismo que una meditación sobre la vida.

Conclusión

Por lo que se ve, nosotros, en nuestro tiempo, también necesitamos un tratado sobre la vejez, un *De senectute*, como el de Cicerón. Han cambiado los tiempos, y lo más difícil para los viejos es adaptarse a las nuevas modalidades, cosa que no sucedía antes, cuando los cambios eran más lentos.

Adaptando el pensamiento ciceroniano a la actualidad, vemos que todavía tiene mucho que decirnos. Por lo menos, es un aliciente para reflexionar sobre la situación de los viejos en nuestro tiempo. Nos encontramos frente a realidades semejantes: ser relegados, estar más débiles, expuestos a enfermedades y achaques, perder placeres y tener cerca la muerte. Sin embargo, de manera parecida, podemos superar esas dificultades con la razón, y tener una vida plena, más dedicada a los bienes del intelecto. Sigue siendo cierta la importancia que para esto concede nuestro autor clásico a la filosofía, que siempre será necesaria.

CAPÍTULO 9

Aspectos de la filosofía en nuestro tiempo

Introducción

Se habla de crisis de nuestra cultura, y esto se ha hecho continuamente. Pero, por lo que toca al tiempo actual, hay algunas pistas de por dónde va esa crisis. Se debe, entre otras cosas, a la concepción del hombre y de la vida de éste, lo cual toca a la antropología filosófica. Pero ésta se adjunta a la ontología y a la gnoseología o epistemología, ya que culmina en una metafísica de la persona. Y, además, llega hasta la estética, más allá de la ética y la política, a las que también afecta. Con todo, sólo tocaremos algunas de sus aristas.

Veremos algo sobre el hombre y la vida, así como la relación de ésta con el conocimiento; igualmente, algo sobre el ser y lo que está más allá de él; asimismo, algo acerca de la filosofía de la mente y la estética o filosofía del arte.

9.1. Sobre el hombre y la vida

La filosofía del hombre o antropología filosófica es la disciplina en la que se investiga y medita sobre el ser humano.[1] Éste es visto bajo el prisma de la

---

[1] M. Beuchot, *Antropología filosófica*, Madrid, Fundación Emmanuel Mounier, 2004, pp. 11 y ss.

131

intencionalidad, como núcleo de intencionalidades diversas: cognoscitiva, volitiva, emocional e, incluso, ontológica, es decir, como impulso de existir (o *conatus existendi*, según lo llamaba Spinoza). Se trata de un análisis hecho al trasluz de lo que he denominado *hermenéutica analógica*, ya que el ser humano es un análogo o ícono del universo, es decir, un microcosmos. Tiene fraternidad con el cosmos entero, por eso está llamado a cuidar de él.

El hombre posee, entonces, un lado natural, pero tambíen un lado cultural, y hay que atender a esos dos polos que lo constituyen. Una antropología filosófica unívoca privilegia la cara natural, y una equívoca, la cultural; una postura analógica se coloca en el entrecruce o en la mediación donde se encuentran y se tocan esas dos partes. Inclusive, se alega que el ser humano tiene un aspecto simbólico que parece superar al biológico, ya que, si necesita su parte orgánica para vivir, requiere del sentido para poder existir plenamente.[2]

El *conatus existendi*, de Spinoza, lo recoge Miguel de Unamuno, inclusive de manera más fuerte, pues él lo siente como afán de no morir. Unamuno sigue a Kierkegaard, en el deseo de la inmortalidad, lo cual se decide en el instante que contiene toda la eternidad. Y también siguió a William James, porque la inmortalidad (que tanto preocupó y angustió a Unamuno) solamente se alcanza por la fe.

Hay un ensayo de Unamuno que muestra ambas cosas. Por un lado, su ansia de eternidad, su anhelo de inmortalidad:

> Este soberano ensueño de la inmortalidad, esa flor fecundísima y esplendente de aquel esfuerzo por perseverar indefinidamente en el propio ser, esfuerzo que constituye según Spinoza la esencia misma de cada cosa, ese soberano sueño es el padre de las acciones duraderas y grandes.[3]

Y, por otro, su adhesión a la fe que proclama el pragmatista:

---

[2] *Ibid.*, pp. 47 y ss.

[3] M. de Unamuno, "Sueño y acción", en *De esto y de aquello*, Madrid, Espasa-Calpe, 1973, p. 18.

El profundo pensador norteamericano William James dirigió a los clubs filosóficos de las universidades de Yale y Brown un hermoso discurso sobre la voluntad de creer, The will to believe. La voluntad de creer es la voluntad de sobrevivir y sólo la voluntad de sobrevivir nos lleva a la acción heroica, lo repito.[4]

En ese artículo se congregaron las dos grandes aspiraciones del pensador vasco: la vida eterna y la fe en ella.

Unamuno acudió a la vida para filosofar. Por eso es considerado como uno de los primeros existencialistas, al igual que su admirado Kierkegaard es visto como un antecesor de esa corriente. Por lo demás, el tomar en cuenta la vida fue una constante en la filosofía española, como en Ortega, Zubiri y Zambrano. Estos dos últimos fueron discípulos de Ortega, y éste, admirador de Unamuno.

9.2. Sobre el conocimiento y la vida

José Ortega y Gasset tiene unas reflexiones sobre el conocimiento en Kant. Una de ellas, que es a propósito del centenario de su nacimiento en Königsberg, solamente presenta, en rasgos muy generales, el pensamiento filosófico del alemán, tanto en la epistemología como en la ética. Otro, que se intitula "Filosofía pura", y que ideó como anejo al anterior, resulta más interesante, ya que interpreta muy a fondo cuál fue el proyecto filosófico de Kant.[5]

Esa interpretación orteguiana del filósofo prusiano coincide en parte con lo que después diría de él Heidegger en *Kant y el problema de la metafísica*, libro del cual nuestro pensador español aclara, en nota, que sabe que está prometido, pero que, al momento de entregar esas páginas a la prensa, no había salido. (Se sabe que Ortega alegaba que ciertas ideas de Heidegger

---

[4]   *Ibid.*, p. 19.

[5]   J. Ortega y Gasset, *Tríptico. Mirabeau o el político Kant-Goethe*, 9a. ed., Madrid, Espasa-Calpe, 1972, pp. 63 y ss.

él las había expresado primero.) La coincidencia entre ambos pensadores reside en sostener que Kant se interesaba prioritariamente en el ser.[6]

Ortega trata de aclarar el idealismo de Kant, el cual, aunque ha sido tratado con suavidad, como idealismo trascendental, tenía en el fondo una intención realista. Según nuestro filósofo español, el verdadero pensamiento de Kant, el definitivo, no se contiene en las *Críticas*, y no pudo acabarlo, ya que el *opus postumum* contiene sólo fragmentos.[7]

Menos hay que ir a la interpretación de los neokantianos (Cohen, Natorp, etcétera), ya que ellos estaban en un ambiente positivista, contra el que reaccionaron, pero hicieron una lectura positivista de Kant; por eso se centraron tanto en la filosofía de la ciencia. Ellos lo leyeron como si el ser fuera el pensar. Ortega había estudiado con profesores neokantianos, pero ya había abandonado las ideas de éstos.

Para Kant, los entes cognoscibles no son en sí, pero, a diferencia de Descartes, tampoco el cognoscente es en sí. Todos son *para sí*. Ésa es la gran novedad, la verdadera revolución copernicana que hizo.

> Este descubrimiento de que el ser sólo tiene sentido como pregunta de un sujeto sólo podía hacerlo quien ha disociado las dos significaciones del término ser y se ha atrevido a reformar el valor inveterado del concepto ser como el *en-sí*. Ahora resulta todo lo contrario: el ser no es el *en-sí*, sino la relación a un sujeto teorizante; es un *para-otro*, y ante todo un *para-mí*. De aquí que en Kant, por primera vez –salvo los ¡sofistas!–, resulte imposible hablar sobre el ser sin investigar antes cómo es el sujeto cognoscente, ya que éste interviene en la constitución del ser de las "cosas", ya que las "cosas" *son* o *no son* en función de él.[8]

---

[6] *Ibid.*, pp. 111-112.

[7] *Ibid.*, p. 113.

[8] *Ibid.*, p. 118.

Pero, según Ortega, eso no implica idealismo: que el ser no tenga sentido más que puesto por el sujeto cognoscente no implica que las cosas sean puro pensamiento.

Así, en la interpretación de Ortega, el pensamiento kantiano resulta subjetivo y objetivo. Se trata de un sujeto que está abierto al objeto, polarizado hacia él, y esto se debe a que es una persona viva. Aquí aprovecha Ortega para introducir su vitalismo (o racio-vitalismo): la vida del hombre consiste en volcarse hacia las cosas, no hacia sí mismo.[9] El pensamiento es una función parcial de la vida, por eso se opone a Descartes y dice que, en lugar de decir *Cogito ergo sum*, hay que decir *Cogito quia vivo*.

En seguida muestra Ortega su postura intermedia entre el idealismo y el realismo, porque contiene aspectos de ambos:

> No hay, pues, un *moi-même* sino en la medida en que hay otras cosas, y no hay otras cosas si no las hay *para mí*. Yo no soy ellas, ellas no son yo (antiidealismo), pero ni yo *soy* sin ellas, sin mundo, ni ellas *son* o las hay sin mí, para quien su ser y el haberlas puede tener sentido (antirrealismo).[10]

De esta manera, pasa del conocimiento a la vida, del pensamiento a la realidad.

Y con esto dice salir del subjetivismo de la modernidad, pero sin caer en el relativismo de los nuevos pensadores, que desprestigian la filosofía. Hay que partir de la vida, hay que leer a Kant de esa manera, para tener un Kant quizá no muy histórico, del pasado, pero sí un Kant futuro. En efecto, dada la insistencia del filósofo alemán en la razón práctica, vemos que en el fondo estaba insistiendo en la vida. Y concluye diciendo: "¿Resultará ahora que bajo la especie de 'razón pura' Kant descubre la razón vital?".[11] Otra vez se ansía pasar del pensamiento a la existencia.

---

[9] *Ibid.*, p. 120.

[10] *Idem.*

[11] *Ibid.*, p. 122.

Lo que se ve aquí, o por lo menos se avizora, es que Ortega toma de Kant una razón sintética, la cual se aplica a unir lo subjetivo con lo objetivo, como él lo hace a través de su insistencia en la vida, en una razón vital, en su racio-vitalismo.

Ortega, como muchos otros en la filosofía iberoamericana —sobre todo, entre sus alumnos, Zubiri—, estuvo buscando una salida hacia la realidad. La encontró por medio de su concepto de la vida, pero no pasó de su perspectivismo. En cambio, su discípulo Zubiri, que después se desmarcó de él, sí llegó a una actitud de atenerse a la realidad, según su idea del hombre como animal de realidades.

9.3. Zubiri y su idea de Dios como más allá del ser

Este connotado discípulo de Ortega, Xavier Zubiri, entre muchas cosas innovadoras que elaboró, nos ha dejado una reflexión acerca del ser de Dios que coincide con la del gran fenomenólogo Emmanuel Levinas. Ambos estudiaron con Husserl en 1928 (quizás hasta pudieron conocerse en Friburgo), y ambos reaccionaron contra él, aunque por diferente motivo (Levinas por oponerse al egoísmo, y Zubiri por oponerse al idealismo al que llevaba). También Zubiri y Levinas se opusieron a su otro maestro, Heidegger. Fueron unánimes en sostener que la acusación de onto-teología que hace este filósofo alemán a la metafísica occidental no se aplicaba a *toda* ella. Tal acusación de Heidegger consistía en que, al hacer a Dios el Ser, se desconoce la diferencia ontológica entre ser y ente, y se hace que un ente (Dios) sea el ser. Pero ambos discípulos suyos reaccionaron en su contra, sosteniendo que Dios no es un ente, y que está más allá del ser mismo.

Levinas señala a Platón como diciendo que más allá del ser o de la esencia está el Bien, el cual era visto como Bien-Belleza, identificados con Dios.[12] De esta manera, Dios estaría más allá del ser. Por tanto, no se le puede reducir a un ente, y a esta postura no se le aplica la acusación heideggeriana

---

[12]   E. Levinas, *Dios, la muerte y el tiempo*, Madrid, Cátedra, 1994, pp. 141-148.

de onto-teología, la cual, como hemos visto, consiste en identificar a Dios, un ente, con el ser, violando la diferencia ontológica entre ente y ser. Sería hacer del ser un ente, cosa que no ocurre si Dios está más allá de los entes e, incluso, más allá del ser.

También en la tradición cristiana se ha dicho que Dios está más allá del ser. Zubiri cita algunos de esos autores, en su obra *Naturaleza, historia, Dios*. Dice que es problemático encontrar un sentido del ser que cuadre a Dios.

> Que Dios tenga algo que ver con el ser resulta ya del hecho de que las cosas que hay son. Mas el problema está justamente en averiguar en qué consiste este habérselas. No se identifica, en manera alguna, el ser de la metafísica con Dios. En Dios rebasa infinitamente el haber respecto del ser. Dios está allende el ser. *Prima rerum creatarum est esse*, decían ya los platonizantes medievales. *Esse formaliter non est in Deo... nihil quod est in Deo habet rationem entis*, repetía el maestro Eckhardt y, con él, toda la mística cristiana.[13]

Se da en toda una tradición, analógica, no solamente de teología negativa.

Allí mismo cita Zubiri a santo Tomás, quien, comentando al Pseudo Dionisio, dice: "Como Dios es causa de todas las cosas existentes, resulta ser una 'nada' *(nihil)* de las existentes, no porque le falte ser, sino porque está sobreeminentemente 'segregado de todas las cosas' (Com. De Divin. nom. I, L. 3)".[14] Es decir, en el propio Aquinate, en seguimiento del Pseudo-Dionisio, se da esa tesis, y no por sola teología negativa, sino por teología analógica.

Un poco más adelante, Zubiri cita al Cardenal Cayetano.

---

[13] X. Zubiri, *Naturaleza, historia, Dios*, 13a. ed., Madrid, Alianza/Fundación Xavier Zubiri, 2007, p. 441.

[14] *Ibid.*, p. 441, nota 1.

Así Cayetano nos dice: "Res divina prior est ente et omnibus differentiis ejus: est enim *super ens* et *super unum*, etc." (Q. 39, a. I, VII). "La realidad divina es anterior al ente y a todas sus diferencias; pues está *por encima del ente* y *por encima del uno*, etc." El subrayado es de Cayetano.[15]

Es decir, un connotado tomista, en la línea del mismo Doctor Angélico, resalta esa diferencia ontológica entre Dios y el ser.

De esta manera vemos que la acusación de onto-teología lanzada por Heidegger a la metafísica occidental no se aplica a toda ella, pues hay varios autores que no hacen esa reducción del ser al ente, al ver a Dios más allá del ente y del ser. Lo hemos visto en la tradición de la filosofía judía, con Levinas, y en la tradición cristiana, en la tomista, referida por Zubiri.

9.4. La cuestión de la belleza en el arte

Ya que hemos mencionado el tomismo, veamos cómo se da en él el tema de la belleza en el arte. En esta tradición se estudiaban las propiedades trascendentales del ente, entre las que estaban la unidad, la verdad y la bondad; a las que se agregaba la belleza. Todo ente, para Dios, es uno, verdadero, bueno y bello. Pero también había una belleza predicamental, es decir, una propiedad o cualidad que sólo poseían ciertas cosas, tanto naturales como artificiales. Estas últimas eran las obras de arte. Con todo, ahora la estética o filosofía del arte ha cambiado, se ha abandonado la categoría de la belleza por la de lo impactante,[16] y con ello esta asignatura se encuentra en una grave crisis. Por eso conviene reflexionar acerca de qué se puede hacer para salvarla.

En efecto, tradicionalmente se veía la estética como la teoría de la sensibilidad (y la inteligencia) para lo bello (también para lo sublime); pero

---

[15]   *Ibid.*, p. 442, nota 1.

[16]   B. Valdivia, *Los objetos meta-artísticos y otros ensayos sobre la sensibilidad contemporánea*, Zacatecas, UAZ–Guanajuato, Azafrán y Cinabrio, 2007, pp. 13 y ss.

en la actualidad la estética es vista no como teniendo por categoría principal la belleza, sino la de lo impactante, lo que impresiona o llama la atención. Sin embargo, en estas líneas abogaré por recuperar la noción de belleza, la cual está haciendo mucha falta en nuestras teorías del arte. Puede convivir con lo impactante, y ser, incluso, lo que más y mejor nos impresione en el arte. Es por eso que Hans-Georg Gadamer, el gran hermeneuta, ha elaborado una ontología de la obra de arte, para restituirle lo que su maestro, Heidegger, denominaba el carácter simbólico de la misma.[17]

Suele adjudicarse ese abandono de la categoría de lo bello y la adopción de lo impactante a las vanguardias, una de las cuales fue ya la del romanticismo. No en balde Kierkegaard se refería al estadio estético de la vida como el que tenía por valioso lo interesante, y lo refería a los filósofos y artistas románticos.[18] Ya estaban en la línea de lo impactante o impresionante.

Cuando vemos los hitos principales de la historia de la estética, nos queda una noción de esta disciplina filosófica, que podemos recoger como su definición: la sensibilidad hacia la belleza. Sin embargo, no se queda en la sola sensación, sino que llega a la intelección, ya que la captación de lo bello requiere de la comprensión, la cual se da por el entendimiento. Por eso, antes de entrar a la parte sistemática de nuestra propuesta de una estética analógica, hay que afilar los instrumentos de análisis, para que resulte mejor nuestra operación. Y por eso pasaré ahora a delinear lo que es una hermenéutica analógica, que es la que acompañará a esa estética analógica que propongo, aunque por ahora sólo dejaré indicada. Después servirá de instrumento para la construcción del edificio estético.

Esa hermenéutica analógica, la cual será la acompañante de la estética analógica, se basa en el concepto de analogía, intermedio entre la univocidad y la equivocidad. El centro de todo esto es la antigua noción de analogía, que viene desde los filósofos griegos presocráticos (los pitagóricos) y atraviesa la historia hasta la actualidad. *Analogía* significa proporción.

---

[17] H.-G. Gadamer, *Actualidad de lo bello. El arte como juego, símbolo y fiesta*, Barcelona, Paidós, 1998, pp. 83 y ss.

[18] Th. W. Adorno, *Kierkegaard. Construcción de lo estético*, Madrid, Akal, 2006, pp. 14-16.

Esto se plasma en la hermenéutica, para que no sea unívoca ni equívoca, sino analógica.

Una hermenéutica unívoca sólo admite una única interpretación como válida, mientras que una equívoca acepta prácticamente todas las interpretaciones como válidas; estamos frente a la modernidad y la posmodernidad; en cambio, una hermenéutica analógica admite varias interpretaciones, pero escalonadas, en una jerarquía que va de la mejor a la peor; si la primera no alcanza la univocidad, la última ya se hunde en la equivocidad, en el error. Así superamos la modernidad y la posmodernidad.

Pues bien, esta hermenéutica analógica nos puede llevar a una estética analógica. Ella se perfila como una postura abierta pero exigente, que no vuelva a la cerrazón clasicista de la modernidad, pero que no se quede en la desmesurada apertura de la posmodernidad. Al fin y al cabo, la posmodernidad ya va de salida. Se ha proclamado la muerte del arte, pero creo que esta hermenéutica nos ayudará a resucitarlo.[19]

Si la fenomenología del arte nos muestra que se ha abandonado la categoría de la belleza por la de lo impactante, la hermenéutica del arte nos hace comprender que se necesita recuperar esa cualidad de bellas para las obras artísticas. A eso se debe la ontología de la obra de arte que hizo Gadamer, para restituirle la simbolicidad que le atribuía su maestro Heidegger, a saber, su carácter de símbolo, de elemento mediador, ya que nos conecta con el sentido de la vida, al menos en uno de sus aspectos.[20]

Es preciso, pues, recuperar ese carácter simbólico del arte, esa simbolicidad de la estética, para que pueda dar un sentido pleno al hombre. Y esto solamente se logrará recobrando la categoría de la belleza para la estética, de lo cual resultará la resurrección del arte, a despecho de su muerte tantas veces proclamada.

---

[19] M. Beuchot, *Teoría estética. La resurrección del arte*, México, Orfila, 2018, pp. 73 y ss.

[20] H.-G. Gadamer, *Verdad y método. Fundamentos de una hermenéutica filosófica*, Salamanca, Sígueme, 1977, pp. 143 y ss.

9.5. Sobre tomismo analítico

La recuperación de la categoría de la belleza para la estética está en la línea de la filosofía tomista. Esta tradición de pensamiento ha dado lugar a varias vertientes. Una de ellas es la del tomismo analítico, es decir, la de algunos estudiosos de santo Tomás que lo han leído e interpretado con herramientas de esa corriente de pensamiento que es la filosofía analítica. Yo mismo he tratado de hacer esto, al menos en alguna medida.[21]

Por eso estoy de acuerdo con la interpretación que hace Roger Pouivet de que santo Tomás es, al igual que Wittgenstein, externalista y antiindividualista. El externalismo significa que se confía en el proceso de la formación de la creencia al contacto con la realidad, a diferencia del internalismo, que tiene que confirmar la formación de la creencia acudiendo al examen psicológico de la mente. El antiindividualismo consiste en que se reconoce el papel del grupo o sociedad en la que se conoce.[22] Es muy parecido a la comunidad de investigadores del pragmatismo, por ejemplo, según Peirce.

El externalismo ha sido defendido por Alvin Plantinga, y el antiindividualismo coincide con la necesidad de la praxis social propuesta por los filósofos pragmatistas. Ambas posturas han sido señaladas tanto en santo Tomás como en Wittgenstein por filósofos analíticos tales como Peter Geach, Elizabeth Anscombe y Anthony Kenny. Geach y Anscombe fueron discípulos directos de Wittgenstein, y el primero de ellos, asimismo, fue muy conocedor del Aquinate. Kenny recibió formación tomista y, además, es un especialista en Wittgenstein. De modo que está más que asegurada esa interpretación.

Se ha creído que Wittgenstein tenía una psicología conductista, que negaba la vida mental. Pero Geach se ha encargado, en su libro *Mental Acts*, de mostrar que no era así. Wittgenstein sólo rechazaba algunos extremos del internalismo o mentalismo exagerado, que, siguiendo a Descartes, sostenía que todo lo conocemos por una inspección de nuestro interior (lo cual es idealismo). Geach se opuso al conductismo exagerado de Ryle, quien así

---

[21]   Véase mi "Preámbulo" a R. Pouivet, *Después de Wittgenstein, santo Tomás*, Madrid, BAC, 2017, pp. xi-xxvii.

[22]   R. Pouivet, *op. cit.*, p. 4.

entendió a Wittgenstein. Pero Geach demostró que las posturas de Wittgenstein son compatibles con la psicología de santo Tomás.[23]

Geach se opuso a los tomistas que han acercado a santo Tomás al idealismo, tanto cartesiano como kantiano. Lo ve en lo que llama "abstraccionismo", que es dar demasiada fuerza a la abstracción como algo realizado en el interior de nuestra mente, por mera introspección (porque esto es caer en el idealismo). Dice que Tomás debe entenderse como postulando que los conceptos son disposiciones de la mente, no entidades que se colocan en ella (porque serían entidades platónicas y cartesianas, como una especie de ideas innatas).[24]

El internalismo de Descartes hizo que se pensara en que tenemos un sentido interno, con el que vemos nuestros estados mentales sin recurso a las cosas de la realidad exterior. Tal es el extremo del abstraccionismo. Nuestro conocimiento debe tener un control público. Esto lo comparte el tomismo con el pragmatismo y con la analítica de Wittgenstein, que iba en contra del lenguaje privado.

El postular especies o conceptos como un lenguaje no es caer en el lenguaje privado, pues podemos hacer públicas nuestras ideas. Puedo hacer uso de las palabras en las frases, siempre que quiera. Es una disposición conceptual, como llegó a verlo Tomás, y es un lenguaje público, según quiso Wittgenstein. En efecto, como dice Kenny, es una disposición que se adquiere y se ejerce o actúa. Es una capacidad, como el intelecto es una aptitud para pensar.[25] No es lenguaje privado, pues el hombre puede hacerlo público y lo hace siempre que habla. No incurre en la acusación de lenguaje privado hecha por Wittgenstein, el cual no puede ser comprendido más que por el que lo tiene.

Es solamente en este sentido (contra el internalismo y el individualismo) en el que Putnam dice que "los significados no están en la cabeza", porque no los ve como ideas metidas allí, sino como capacidades o

---

[23]   *Ibid.*, p. 12.

[24]   *Ibid.*, pp. 16-27.

[25]   *Ibid.*, pp. 24-25.

disposiciones para entender las palabras y usar los conceptos. Por eso Davidson añade a eso que, si los significados no están en la cabeza, tampoco los pensamientos están en ella.[26]

La idea del antiabstraccionismo está vinculada con la intencionalidad, pues según ella se conoce teniendo la forma de la cosa, pero no de manera física, sino psíquica. De un ser natural pasa a uno intencional; el primero se da en la cosa; el segundo, en la mente.[27] Según Geach, hay actos mentales, los cuales nos permiten poseer contenidos mentales. Así, el lenguaje y el conocimiento no dependen de las entidades mentales, sino a la inversa.

Y el tomismo analítico preserva la teoría tradicional aristotélico-tomista de que el singular sólo se conoce directamente por los sentidos, mientras que intelectualmente se conoce de manera indirecta, por reflexión, ya que la inteligencia sólo conoce lo universal. Esto se debe a que, según lo aceptan igualmente Frege y Wittgenstein, el individuo se conoce bajo su concepto. El objeto es iluminado por la idea.

Es, también, lo que se ve en la lógica, ya que el sujeto y el predicado (o predicable) representan, uno el objeto y el otro lo que es verdadero de él, así como en Frege se conectan argumento y functor, en la función $F(x)$.[28] Y esto se daba en Aristóteles, al principio, en el *De interpretatione*, del cual se pasó a la teoría de los dos nombres, esto es, que sujeto y predicado son dos nombres de la misma cosa, indicando la cópula la identidad. Lo cual es rechazado por los analíticos, que vuelven a la primera teoría aristotélica.

De hecho, la mejor manera de decirlo, según Geach, no es que el individuo posea una propiedad, sino que un universal es instanciado por un particular, por ejemplo, la sabiduría por Sócrates, en "Sócrates es sabio".[29]

Así, pues, el tomismo analítico conserva las tesis de santo Tomás y las interpreta a la luz de pensadores como Frege y Wittgenstein.[30] Es un tomismo

---

26   *Ibid.*, p. 38.

27   *Ibid.*, p. 50.

28   *Ibid.*, p. 53.

29   *Ibid.*, pp. 54-55.

30   *Ibid.*, pp. 105-110.

peculiar, ya que hay varios tomismos (el tomismo se dice de muchas maneras, o Tomás se lee de modos distintos), y en el tomismo analítico se piensa que se puede acudir a las tesis del Aquinate: *1)* porque son verdaderas, y no como piezas de museo histórico; *2)* porque se pueden separar de la teología, y son verdaderas independientemente de su vinculación con la religión; y *3)* porque son intemporales, es decir, válidas para todo tiempo, incluido el nuestro (sobre todo).[31]

De acuerdo con ello, puede afirmarse que Tomás y Wittgenstein pertenecen a la tradición aristotélica, no porque el austriaco que vivió en Cambridge pretendiera inscribirse en esa tradición, sino porque, sin darse cuenta, estaba en ella, en contra del subjetivismo cartesiano y del idealismo kantiano, que permearon la modernidad.

Conclusión

En las distintas facetas de la filosofía que aquí se nos han reunido, encontramos cosas que están faltando a nuestro tiempo. De ahí que sea tan necesario ganarlas para la gente de hoy. Es un trabajo filosófico, el cual repercutirá en la cultura actual. Ella necesita de nuestra intervención y nuestra acción.

De esta manera, hemos visto algunos aspectos de la antropología filosófica, la epistemología, la ontología, la filosofía de la mente y la estética, que atañen a nuestra cultura actual. Es por donde podremos apuntalar y ayudar a ésta a tener un desenvolvimiento más adecuado, para seguir adelante en el camino de la historia de la filosofía. Son áreas que están perfectamente interconectadas, y podemos incidir en cada una de ellas para el bien de nuestra vida cultural. Creo que una buena ayuda para hacerlo puede provenir de una racionalidad analógica, es decir, de un pensamiento que nos permita sortear el univocismo de la modernidad y el equivocismo de la posmodernidad, para llegar a un terreno medio, pero beneficiado por ambas corrientes.

---

[31] *Ibid.*, pp. 107-110.

Conclusiones

Nuestro objetivo fue examinar el orden de la filosofía misma. Se dice continuamente que está en crisis, pero vimos que puede salir de ésta, si es capaz de encontrar caminos que la conduzcan a lugares más fecundos. Por eso le aplicamos la idea de una hermenéutica analógica e, inclusive, la de una racionalidad analógica, más allá del cientificismo y de la mera libertad creativa sin controles.

Luego exploramos el uso de la hermenéutica, y lo hicimos en las humanidades. En ellas, el trabajo principal es el de interpretar. Y vimos que una herramienta de comprensión, que integre un espíritu analógico, será la mejor para esa área del pensamiento. Luego hicimos un ensalmo para llamar la magia de la analogía a la hermenéutica, en forma de hermenéutica analógica.

Dado que la hermenéutica coincide, en su intencionalidad o finalidad, con una rama de la semiótica que se llama pragmática, nos asomamos a ella. Ha sido muy cultivada por toda una corriente filosófica, la del pragmatismo. Atendimos a algunos de sus planteamientos, para incorporarle un registro analógico. Y vimos que en la actualidad ha cobrado una buena presencia, sobre todo en los filósofos estadounidenses.

Del propio pragmatismo tomamos la epistemología, que ha sido muy cultivada en esa corriente, y la contrastamos con la que se desarrolla en una filosofía más realista. Para señalar sus coincidencias a pesar de sus divergencias, en lo cual consiste la analogicidad.

Luego pasamos a la antropología filosófica, que analizamos en diálogo con Jacinto Choza, especialista en esa disciplina. Atendimos a su manera de hilvanarla, a través de la historia de las representaciones que el hombre ha hecho de sí mismo.

Esas representaciones antropológicas nos ayudaron a explorar la posibilidad de vincular la ética con la política. La modernidad las desconectó, pero recientemente ha habido muchos afanes para volver a conectarlas, pues su relación es indestructible.

Hicimos, además, unas reflexiones sobre la educación, que nos llevaron a ver el regreso de la noción de virtud; por lo tanto, se trató de una pedagogía de virtudes, la cual no se queda en dar contenidos a los alumnos, sino que avanza hasta formarles los hábitos conducentes a las acciones que se esperan de ellos; sobre todo, para formar el juicio apropiado en cada disciplina que se aprende.

Vinieron, después, en la misma línea de la antropología filosófica, o filosofía del hombre, y también de la educación, unas reflexiones sobre el tema de la vejez, basadas en el escrito de Cicerón *De senectute*, que la trata en forma de diálogo, y ha quedado como una pieza literaria.

Por fin, pusimos después algunos aspectos de la filosofía de nuestro tiempo, en especial el que, a través de Javier Zubiri, recusa la acusación de onto-teología lanzada por Heidegger a toda la metafísica occidental. Este connotado autor vasco nos muestra que no se puede aplicar a todas las metafísicas.

Todos estos elementos nos llevaron a procurar una síntesis entre ellos. Y lo tratamos de hacer mediante una razón analógica. Es decir, con una dialéctica diferente, pues no realiza una síntesis consistente en destruir los opuestos, sino en ponerlos en contacto y hacer que trabajen el uno por el otro, en una racionalidad vivencial.

Referencias

Adorno, Th. W., *Kierkegaard. Construcción de lo estético*, Madrid, Akal, 2006.

Albert, H., *Ética y metaética*, Valencia, Teorema, 1978.

Álvarez Balandra, A. C., *La interpretación de los procesos educativos desde la hermenéutica analógica (ontología, episteme y método)*, México, Universidad Pedagógica Nacional, 2012.

Apel, K.-O., *Hacia una macroética de la humanidad*, México, unam, 1992.

__________, *El camino del pensamiento de Charles S. Peirce*, Madrid, Visor, 1997.

Aquino, T., *Sancti Thomae Aquinatis Opera omnia*, Roma, Ex Typographia Polyglotta S.C. de Propaganda Fide, 1882-‹1985›.

Aranguren, J. L. L., *Implicaciones de la filosofía en la vida contemporánea*, 2a. ed., Madrid, Taurus, 1971.

__________, *Ética y política*, Madrid, Orbis, 1987.

__________, *Ética de la felicidad y otros lenguajes*, 2a. ed., Madrid, Tecnos, 1992.

Arendt, H., *La condición humana*, Barcelona, Paidós, 1998.

Arias Gómez, D. H., "La formación de las virtudes cívicas en la escuela: el lugar de la realidad no escolar", en D. H. Arias Gómez y R. A. López (eds.), *Virtudes en la escuela. Reflexiones, prácticas, discursos*, Bogotá, Universidad La Salle, 2015, pp. 99-113.

Aristóteles, *Opera*, ed. de I. Bekker y O. Gigon, Berlín, Walter de Gruyter, 1961.

Arregui, J. V., "Sobre algunas raíces particulares de la razón universal", en J. B. Llinares y N. Sánchez Durán (eds.), *Ensayos de filosofía de la cultura*, Madrid, Biblioteca Nueva, 2002, pp. 271-285.

Bautista Lucas, E., *Los fundamentos del conocimiento humano*, México, Universidad Pontificia de México, 2000.

Berdiaev, N., *La filosofía como acto creador*, Buenos Aires, Carlos Lohlé, 1977.

Bernstein, R. J., *Praxis y acción*, Madrid, Alianza, 1979.

__________, *Perfiles filosóficos*, México, Siglo XXI, 1991.

__________, *El giro pragmático*, Barcelona, Anthropos-México, uam-Iztapalapa, 2013.

Beuchot, M., "Reseña de H. Albert, *Ética y metaética*, Valencia, 1978", *Revista de Filosofía*, vol. 14, uia, 1981, pp. 221-223.

__________, "Verdad y hermenéutica en el psicoanálisis según Ricoeur", en T. Calvo Martínez y R. Ávila Crespo (eds.), *Paul Ricoeur: los caminos de la interpretación. Symposium internacional sobre el pensamiento filosófico de Paul Ricoeur*, Barcelona, Anthropos, 1991, pp. 193-212.

__________, "Los márgenes de la interpretación: hacia un modelo analógico de la hermenéutica", en M. Aguilar Rivero (coord.), *Diálogos sobre filosofía contemporánea*, México, Asociación Filosófica de México-unam, 1995, pp. 159-176.

__________, *Antropología filosófica*, Madrid, Fundación Emmanuel Mounier, 2004.

__________, *Ética*, México, Torres, 2004.

__________, *La hermenéutica como herramienta en la investigación social*, San Luis Potosí, Universidad Autónoma de San Luis Potosí, 2007.

__________, "Hermenéutica analógica y educación", en J. Esteban Ortega (ed.), *Cultura, hermenéutica y educación*, Valladolid, España, Universidad Europea Miguel de Cervantes, 2008, pp. 157-165.

__________, *Historia de la filosofía en el México colonial*, Barcelona, Herder, 2008.

__________, "Prólogo", en J. Vasconcelos, *Pitágoras*, México, Conaculta, 2011, pp. 9-22 (Colección Summa Mexicana).

__________, "Sobre el sentido de la vida, desde una hermenéutica analógica", *Notandum*, vol. XIV, núm. 25, Universidade Federale de Sao Paulo-Universidade do Porto, enero-abril, 2011, pp. 9-16.

__________, *La racionalidad analógica en la filosofía mexicana*, México, Torres, 2012.

__________, "Obertura. El sentido hermenéutico de la vida humana", en A. Ortiz-Osés, B. Solares y L. Garagalza (eds.), *Claves de la existencia. El sentido plural de la vida humana*, Barcelona, Anthropos, 2013, pp. 31-38.

__________, *Perfiles esenciales de la hermenéutica*, México, fce, 2013.

BEUCHOT, M., *Charles Sanders Peirce: semiótica, iconicidad y analogía*, México, Herder, 2014.

__________, "Preámbulo" a R. Pouivet, *Después de Wittgenstein, santo Tomás*, Madrid, BAC, 2017, pp. xi-xxvii.

__________, *Teoría estética. La resurrección del arte*, México, Orfila, 2018.

__________, *Tratado de hermenéutica analógica. Hacia un nuevo modelo de la interpretación*, 6a. ed., México, UNAM, 2019.

BLACK, M., *Modelos y metáforas*, Madrid, Tecnos, 1964.

BLANCO Beledo, R. F., "¿Psicoanálisis y hermenéutica analógica? Propuesta de una línea de investigación", en J. E. González (coord.), *Hermenéutica analógica. Ánthropos. Cuadernos de cultura crítica y conocimiento*, núm. 249, Barcelona, octubre-diciembre, 2017, pp. 151-156.

BOCHENSKI, I. M., "On Analogy", en *The Thomist*, vol. 11, 1948, pp. 474-497; y en A. Menne (ed.), *Logico-Philosophical Studies*, Dordrecht, Reidel, 1962, pp. 96-117.

BUGANZA, J., *Ensayo sobre la filosofía política de Thomas Hobbes*, Córdoba (Veracruz), Ediciones Verbum Mentis, 2005.

CARR, D., *Educating the Virtues. An Essay on the Philosophical Psychology of Moral Development and Education*, Londres-Nueva York, Routledge, 1991.

CASSIRER, E., *Antropología filosófica*, México, FCE, 1987.

CHAIX-RUY, J., *Berdiaeff*, Buenos Aires, Columba, 1965.

CHOZA, J., *Antropología filosófica. Las representaciones del sí mismo*, Madrid, Biblioteca Nueva, 2002.

__________, "La cultura es más radical que la razón", en J. B. Llinares y N. Sánchez Durán (eds.), *Ensayos de filosofía de la cultura*, Madrid, Biblioteca Nueva, 2002, pp. 41-57.

CICERÓN, M. T., *Los oficios*, 2a. ed., traducción de Manuel de Valbuena, Buenos Aires, Espasa-Calpe, 1946.

__________, *Las leyes*, 2a. ed., edición bilingüe, traducción, introducción y notas de Roger Labrousse, San Juan, Universidad de Puerto Rico, 1968.

__________, *Disputas tusculanas*, edición bilingüe, introducción, versión y notas de Julio Pimentel Álvarez, México, UNAM, 1979, vol. I.

__________, *Catón el mayor: de la vejez. Lelio: de la amistad*, introducción, edición, traducción y notas de Julio Pimentel Álvarez, México, UNAM, 1997.

Cicerón, M. T., *Sobre la naturaleza de los dioses*, introducción, traducción y notas de Ángel Escobar, Madrid, Gredos, 1999.

__________, *De los fines de los bienes y los males*, edición bilingüe, versión, introducción y notas de J. Pimentel Álvarez, México, unam, 2003, vol. II.

Conde Gaxiola, N., *El movimiento de la hermenéutica analógica*, México, Primero Editores, 2006.

__________, *Apuntes analógicos de una hermenéutica jurídica*, México, ipn, 2013.

Cortina, A., y E. Martínez, *Ética*, 3a. ed., Madrid, Akal, 2001.

Dussel, E., "El método analéctico y la liberación latinoamericana", en R. Ardiles *et al.*, *Hacia una filosofía de la liberación latinoamericana*, Buenos Aires, Bonum, 1973, pp. 125-134.

__________, *14 tesis de ética. Hacia la esencia del pensamiento crítico*, Madrid, Trotta, 2016.

Esquivel Estrada, N. H., *Jürgen Habermas: acción comunicativa y ética del discurso*, México, Gedisa, 2016.

Fernández, M. Á., y M. M. Valdés (comps.), *Normas, virtudes y valores epistémicos. Ensayos sobre epistemología contemporánea*, México, unam, 2011.

Ferrara, A., *La fuerza del ejemplo. Exploraciones del paradigma del juicio*, Barcelona, Gedisa, 2008.

Ferraris, M., *Historia de la hermenéutica*, México, Siglo XXI, 2002.

Fink, E., *La filosofía de Nietzsche*, Madrid, Alianza, 1996.

Flores, F., "Entre la identidad y la inconmensurabilidad, la diferencia. Aristóteles y Freud: el caso de la analogía", en L. Álvarez Colín (comp.), *Hermenéutica analógica, símbolo y psicoanálisis*, México, Ducere, 2003, pp. 83-113.

Fontan, A., *Artes ad humanitatem. Ideales del hombre y de la cultura en tiempos de Cicerón*, Pamplona, Publicaciones del Estudio General de Navarra, 1957.

Gadamer, H.-G., *Verdad y método. Fundamentos de una hermenéutica filosófica*, Salamanca, Sígueme, 1977.

__________, *Actualidad de lo bello. El arte como juego, símbolo y fiesta*, Barcelona, Paidós, 1998.

García Díaz, A., "La analogía entre Dios y las creaturas según santo Tomás", en *Diánoia*, vol. 4, 1958, pp. 142-169.

García González, D. E., *Hermenéutica analógica, política y cultura*, México, Ducere, 2001.

Grondin, J., *Del sentido de la vida. Un ensayo filosófico*, Barcelona, Herder, 2005.

Grondin, J., *La hermenéutica*, Barcelona, Herder, 2008.

Haack, S., *Putting Philosophy to Work. Inquiry and its Place in Culture*, Amherst-Nueva York, Prometheus Books, 2013 (edición ampliada).

Hare, R. M., *El lenguaje de la moral*, México, unam, 1975.

Heidegger, M., *Hoelderlin y la esencia de la poesía, seguido de Esencia del fundamento*, México, Séneca, 1944.

__________, *Identidad y diferencia*, Barcelona, Anthropos, 1990.

Hernández de León Portilla, A. (coord.), *Hermenéutica analógica. La analogía en la antropología y la historia*, México, unam, 2009.

__________, "La hermenéutica de Sahagún y la creación de la antropología", en A. Hernández de León Portilla (coord.), *Hermenéutica analógica. La analogía en la antropología y la historia*, México, unam, 2009, pp. 87-126.

Hudson, W. D., "Editor's Introduction: The Is-Ought Problem", en W. D. Hudson (ed.), *The Is/Ought Problem. A Collection of Papers on the Central Problem in Moral Philosophy*, Londres, Macmillan, 1969, pp. 11-31.

Jakobson, R., *Ensayos de lingüística general*, México, Artemisa, 1986.

Kant, I., *Crítica del juicio*, México, Editores Mexicanos Unidos, 1998.

Kraft, V., *El círculo de Viena*, Madrid, Taurus, 1966.

Lacan, J., *Écrits*, París, Seuil, 1966.

León López, D. R., L. Torres Herrera y G. Suárez Castañeda, "Entre la norma coercitiva y la norma permisiva: tensiones de la normativa escolar", en D. H. Arias Gómez y R. A. López (eds.), *Virtudes en la escuela. Reflexiones, prácticas, discursos*, Bogotá, Universidad La Salle, 2015, pp. 81-88.

León Portilla, M., *La filosofía náhuatl estudiada en sus fuentes*, 10a. ed., México, unam, 2006.

Levi, A., *Historia de la filosofía romana*, Buenos Aires, Eudeba, 1969.

Levinas, E., *Dios, la muerte y el tiempo*, Madrid, Cátedra, 1994.

López Díaz, R. A., "La didáctica de las virtudes: un escenario para cuidar de sí y cuidar del otro", en D. H. Arias Gómez y R. A. López (eds.), *Virtudes en la escuela. Reflexiones, prácticas, discursos*, Bogotá, Universidad La Salle, 2015, pp. 29-47.

López Santamaría, J., "La ética de las virtudes", *Estudios Filosóficos*, vol. LVII, núm. 164, 2008, pp. 145-151.

Löwith, K., *Heidegger, pensador de un tiempo indigente. Sobre la posición de la filosofía en el siglo xx*, Buenos Aires, fce, 2006.

Lucia, N., "Il desiderio mimetico in René Girad", *Sapienza*, vol. 63, 2010, pp. 181-186.

Lukasiewicz, J., "En defensa de la logística", en *Estudios de lógica y filosofía*, Madrid, Biblioteca de la Revista de Occidente, 1975, pp. 132-133.

Machado, A., *Los complementarios*, México, Red Editorial Iberoamericana, 1988.

MacIntyre, A., *Tras la virtud*, Barcelona, Crítica, 1987.

Mardones, J. M., "Teorías de la legitimación del poder hoy. J. Habermas y la teoría del discurso", *Sistema*, núm. 120, 1994, pp. 39-58.

Martínez Lacy, R., "El clasicismo analógico de Bartolomé de las Casas", en A. Hernández de León Portilla (coord.), *Hermenéutica analógica. La analogía en la antropología y la historia*, México, unam, pp. 59-69.

Menéndez Pelayo, M., *Antología general de Menéndez Pelayo*, Madrid, bac, 1956, t. I.

Mondolfo, R., *El pensamiento antiguo. Historia de la filosofía greco-romana. II. Desde Aristóteles hasta los neoplatónicos*, 6a. ed., Buenos Aires, Losada, 1969.

Montaigne, M. de, *Apología de Raimundo Sabunde*, Madrid, Sarpe, 1984.

Morris, Ch., *Fundamentos de la teoría de los signos*, México, unam, 1958.

Munguía, C. J., *Del pensamiento y su enunciación, considerado en sí mismo, en sus relaciones y en sus leyes*, en *Obras diversas*, Morelia, Imprenta de Ignacio Arango, 1853, vol. III.

Navarrete, I., *Los huérfanos de Petrarca. Poesía y teoría en la España renacentista*, Madrid, Gredos, 1997.

Nicolet, C., y A. Michel, *Cicéron*, París, Éditions du Seuil, 1961.

Olvera Romero, C., *Hermenéutica analógica y literatura*, México, Primero Editores-Cali, Colombia, AC Editores, 2000.

Ornelas Huitrón, A., "Potencial de la hermenéutica analógica en la educación familiar actual", en J. Esteban Ortega (ed.), *Cultura, hermenéutica y educación*, Valladolid, España, Universidad Europea Miguel de Cervantes, 2008, pp. 177-191.

Ortega y Gasset, J., *Tríptico. Mirabeau o el político, Kant-Goethe*, 9a. ed., Madrid, Espasa-Calpe, 1972.

__________, *La deshumanización del arte*, México, Artemisa, 1985.

Paz, O., *Los hijos del limo. Del romanticismo a la vanguardia*, Barcelona-Bogotá, Seix Barral, 1991.

Peirce, Ch. S., *Obra filosófica reunida*, México, FCE, 2012, t. I.

Peñalosa, J. A., "Prólogo", en T. A. Cicerón, *Los oficios o Los deberes, De la vejez, De la amistad*, 6a. ed., México, Porrúa, 1987, pp. vii-xxiii.

Pimentel Álvarez, J., "Reflexiones sobre la obra filosófica de Cicerón", *Nova Tellvs*, vol. 12, 1994, pp. 107-123.

Primero Rivas, L. E., *Epistemología y metodología de la pedagogía de lo cotidiano*, México, Primero Editores, 2002.

__________ (coord.), *Significado y posibilidades de la hermenéutica analógica*, México, Asociación Filosófica de México, 2005.

__________, "Avances de la pedagogía analógica de lo cotidiano: el peso de la psicología para la acción educativa", en J. Esteban Ortega (ed.), *Cultura, hermenéutica y educación*, Valladolid, España, Universidad Europea Miguel de Cervantes, 2008, pp. 167-176.

__________, "La filosofía de Mauricio Beuchot", L. E. Primero Rivas (coord.), *La hermenéutica educativa de la salud mental*, México, Universidad Pedagógica Nacional, 2008, pp. 143-155.

Putnam, H., *Cómo renovar la filosofía*, Madrid, Cátedra, 1994.

__________, *Sentido, sinsentido y los sentidos*, Barcelona, Paidós, 2000.

__________, *El desplome de la dicotomía hecho-valor y otros ensayos*, Barcelona, Paidós, 2004.

Quine, W. V. O., "Truth by Convention", en H. Feigl y W. Sellars (eds.), *Readings in Philosophical Analysis*, Nueva York, Appleton-Century-Crofts, 1949, pp. 250-273.

Quintero Polo, J. E., "La bruja freudiana", *Psicogente*, vol. 10, núm. 18, noviembre, 2007, pp. 174-181.

Ramos, S., *Hacia un nuevo humanismo*, México, La Casa de España en México, 1940.

Rawls, J., *La justicia como equidad. Una reformulación*, Barcelona, Paidós, 2002.

Reding Blase, S., *Antropología y analogía*, México, Taller Abierto, 1999.

Ricoeur, P., "Respuesta a Mauricio Beuchot", en T. Calvo Martínez y R. Ávila Crespo (eds.), *Paul Ricoeur: los caminos de la interpretación. Symposium internacional sobre el pensamiento filosófico de Paul Ricoeur*, Barcelona, Anthropos, 1991, pp. 213-218.

__________, *Sí mismo como otro*, 2a. ed., México, Siglo XXI, 2003.

Robles, O., *Símbolo y deseo*, 2a. ed., México, Jus, 1960.

Rorty, R., *La filosofía y el espejo de la naturaleza*, Madrid, Cátedra, 1983.

Rossi, A., "Cartas credenciales", *Vuelta*, año XX, núm. 213, abril de 1996, pp. 11-15.

Searle, J., *Actos de habla*, Madrid, Cátedra, 1990.

Selvaggi, F., *Filosofía de las ciencias*, Madrid, Sociedad de Educación Atenas, 1955.

Sosa, E., "Serious Philosophy and Freedom of Spirit", en *The Journal of Philosophy*, vol. LXXXIV, núm. 12, diciembre, 1987, pp. 707-726.

Unamuno, M. de, *De esto y de aquello*, Madrid, Espasa-Calpe, 1973.

__________, *Del sentimiento trágico de la vida en los hombres y en los pueblos*, 13a. ed., México, Espasa-Calpe, 1976.

Valdés, M. M., y M. Á. Fernández (comps.), *Normas, virtudes y valores epistémicos. Ensayos de epistemología contemporánea*, México, unam, 2011.

Valdivia, B., *Los objetos meta-artísticos y otros ensayos sobre la sensibilidad contemporánea*, Zacatecas, uaz-Guanajuato, Azafrán y Cinabrio, 2007.

Vidiella, G., "El lugar de la virtud en las teorías éticas contemporáneas", en D. H. Arias Gómez y R. A. López (eds.), *Virtudes en la escuela. Reflexiones, prácticas, discursos*, Bogotá, Universidad La Salle, 2015, pp. 15-28.

Vries, J. de, *Critica*, Barcelona, Herder, 1964.

Zea, L., *Discurso desde la marginación y la barbarie*, México, fce, 1990.

Zubiri, X., *Cinco lecciones de filosofía*, Madrid, Alianza, 1988.

__________, *Naturaleza, historia, Dios*, 13a. ed., Madrid, Alianza-Fundación Xavier Zubiri, 2007.

Este libro se imprimió en la Ciudad de México,
el 6 de enero de 2024,
solemnidad de la Epifanía del Señor,
en Litográfica Ingramex S. A. de C. V.
Centeno 162-1, Granjas Esmeralda, Iztapalapa,
C. P. 09810, Ciudad de México, México

9 786076 955178